carlos méndez z

Los RICOS
si van al cielo

La pobreza jamás podrá detener a quien
se propone conquistar las alturas

2ª
EDICIÓN
10.000 ejemplares
VENDIDOS

I0510302

White Wolf Writers

Autor: **Carlos Méndez Z**
@cmendezzoficial
mendezzcarlos@gmail.com

Segunda Edición
Agosto 2019
Publicado por
White Wolf Writers
Editado por
Instituto Centro Internacional de Capacitación Profesional
@institutocicp
www.institutocicp.com
Derechos Reservados
Santo Domingo - República Dominicana
ISBN 978-169-17-5018-4

Primera Edición
Editado y Publicado por
Espacio Creativo Edición y Publicidad C.A.
Impreso en
Editorial Venezolana
Mérida - Venezuela Enero 2010
Impresión 10.000 ejemplares
Depósito Legal If07620091504756
ISBN 978-980-12-4175-1

Diseño de Portada
Carlos David Méndez Albarrán
Dirección y Revisión
Mary Albarrán de Méndez

Al dador de mis habilidades y talentos,
Creador de lo bello y la riqueza...

A mi padre, mi principal educador,
el hombre que me enseñó el amor por los libros,
aun cuando nunca leyó uno...

A las dos mujeres que siempre creen y apoyan mis sueños:
mi madre, quien me regaló la vida, y mi esposa,
que llenó de color mi existencia.

A los dos amigos que más confío: mis hijos
Carlos David y Carlos Alejandro. Dos seres un
poco extraños pero llenos de magia.

A un hombre que se fue antes de tiempo, un ser del que
aprendí importantes lecciones:
MI suegro Neptalí Albarrán Zambrano.

A Juan Diego, milagro de la vida.

A Mía y Sophia, alegría de mi corazón...

"Lo que la mente
pueda concebir
y creer se
puede lograr"

Napoleón Hill

Indice

UN MILLONARIO LLEGÓ AL CIELO

"¿Papá qué se necesita para ir al cielo?" –Sorprendido preguntó Carlos Alejandro, luego de escuchar un reportaje en CNN. Lo miré, y sonriendo respondí: "¡Dinero hijo! ¡Mucho dinero!". El periodista hablaba de Anousheh Ansari, un ser inspirador que siendo una adolescente llegó a América, y a pesar de no contar entonces con el dinero necesario para alimentarse; veintitrés años después, firmaba un cheque de 20 millones de dólares para hacer realidad un sueño de la infancia: "Ver flotar la tierra desde las estrellas", convirtiéndose así, en la primera mujer en hacer turismo espacial. ¡La riqueza le permitió llegar al cielo! Conociendo la historia de muchos multimillonarios que nacieron rodeados de miseria y sin importar su origen, lograron amasar grandes fortunas, surgió la idea de publicar un libro que enseñase cómo superar cualquier situación de crisis económica para convertirla en bendición. Froté la cabeza de mi hijo, como diciendo gracias por servirme de inspiración, me levanté y dije: "Todos deben saber que los ricos sí van al cielo", y dispuesto a vender un millón de copias y así escuchar un millón de testimonios en todo el mundo, me senté a escribir lo que estoy seguro cambiará tu vida radicalmente.

La niña de las estrellas

Ansari, era una niña común que, influenciada por su serie de televisión favorita: "Star Trek", se paraba frente a las ventanas de su casa en Teherán, y mirando al cielo, con gran pasión se preguntaba: "¿Cómo será ver la tierra desde las estrellas?". Sueño que abrazó impetuosamente, a pesar de que la restructuración socio-cultural de Irán, liderada por el ayatolá Jomeini (1979), quiso obligarla a vivir bajo un régimen déspota y autoritario, que menospreció a la mujer, condenándola a ocupar un papel secundario dentro de la sociedad, por considerarle irracional, incapaz de tomar decisiones e indigna de confianza. El entorno en el que Anousheh pasó la infancia no fue un escenario motivador, por el contrario, los factores psicológicos que le rodearon fue discriminación, pobreza, guerra, represión, tiranía y muerte. Pero en medio de todo esto, estableció gerenciar su vida, y no permitir que un gobierno o religión fijase cuál sería su manera de vivir, por ello, al cumplir los 17 años, tras la crisis económica sobrevenida a la familia luego que las autoridades cerrasen arbitrariamente el negocio de su padre, rompió las cadenas culturales que le condenaban a coexistir sin libertad, y emigró para radicarse en Virginia (EEUU), bajo la cobertura de una tía. A pesar de no contar con un dólar para costear sus estudios, y desconocer por completo el idioma, logró licenciarse como ingeniera electrónica en la universidad pública George Mason. Graduada, y con un postgrado, formó parte del personal de la MCI-World Company, donde conoció a Hamid, su esposo. Allí tenía lo que laboralmente cualquier ciudadano común puede desear: "un empleo con salario fijo". Pero, sabiendo que podía llegar más alto, se propuso renunciar al cargo que ocupaba para crear su propia empresa de telecomunicaciones. Idea que, a pesar de no ser bien recibida por su cónyuge, se puso en marcha con una inversión de 50.000 dólares bajo el nombre Telecom Technologies Inc, y siete años más tarde se vendió por 450 millones, comenzando así una escalada que le permitió demostrar que ser mujer no la convertía en un ser inferior, como trataron de hacerle creer cuando era una niña. Las políticas implementadas por el gobierno de Jomeini, intentaron coartarle, pero la grandiosidad de su espíritu no podía ser limitada por filosofía o cultura alguna. Ella tenía el potencial necesario para ser grande, lo utilizó para enfrentar la desgracia, y esto la convirtió en una triunfadora.

Paradójicamente, las personas en el mundo utilizan las limitaciones económicas, familiares, geográficas y políticas, como excusa para justificar su perenne permanencia en la pobreza, el endeudamiento y la dependencia, sin darse cuenta que tal actitud les impide descubrir las infinitas oportunidades de éxito ofrecidas por el universo cada día. Prestan tanto cuidado a las carencias, que no les alcanza el tiempo para generar soluciones.

Anousheh Ansari es un vivo ejemplo de que los límites son geográficos, pero las limitaciones son mentales, y está en nosotros la potestad de permitirlas o rechazarlas. Si aceptamos que las circunstancias restrinjan nuestra capacidad de creer, soñar y actuar, estaremos eternamente condenados a vivir en escasez. Si por el contrario elevamos nuestro vuelo sobre la adversidad, terminaremos por conquistar el mundo y sus riquezas.

La pobreza puede ser temporal

La mayoría de personas que viven rodeadas de miseria, necesidad, deudas y calamidad, ven la pobreza como un estado al cual están condenadas perpetuamente. Su imaginación, plagada por toda clase de pensamientos limitantes y mediocres, les impide ver el mundo de posibilidades que cada día brilla ante sus ojos. En el universo nada permanece inmóvil, todo está en movimiento, cambiando a cada segundo. Igual sucede con nuestra economía: cada día nos hacemos más pobres o más ricos, es absolutamente imposible permanecer en el mismo estado, por esta razón, debemos determinar el cambio, dar la espalda a la crisis y optar por una vida próspera. Encaminarse hacia la abundancia es tan sencillo que, basta con creer que la situación en la que vives hoy sí puede cambiar, para poner en movimiento la máquina productora de riqueza. La pobreza termina el día que decides poner punto final.

Ansari derrotó la pobreza porque decidió hacerlo, se sobrepuso a las voces culturales que le decían: eres una "zaifah", un ser de segunda; ignoró las órdenes que pretendían obligarle a callar y vivir en sumisión, trazó su bitácora a la GRANDEZA, y ante tal actitud, el universo derramó su abundancia. Ella provocó el cambio, nadie le visitó para solucionar sus problemas. Explotó su potencial para convertirse en una generadora de riqueza y

Anoushe Ansari

terminó siendo un ejemplo para la humanidad. Cualquier persona que desee ser exitosa, encontrará en su historia, una inspiración para creer que, sin importar cuánta limitación le rodee, sí es posible llegar al cielo. Al subir a la nave espacial Soyuz-TM9 en la Estación Espacial Internacional, Ansari portaba en su uniforme una insignia que decía: "Imagina. Sé el cambio. Inspira"; y ¿Cómo no puede inspirarnos alguien que dejó de ser una adolescente dependiente de la caridad familiar, para elevarse al nivel de una poderosa millonaria capaz de pagar veinte millones de dólares para vacacionar en el espacio? Seguramente las aspiraciones de Anousheh muchas veces fueron criticadas y tomadas por inadmisibles e irracionales, del mismo modo que tus sueños y proyectos pueden haber sido señalados de absurdos e irreales, provocándote desánimo y frustración. Sin importar cuál sea tu historia, puedes determinar ser un triunfador y comenzar a conquistar el mundo. ¡Hacer lo que otros temen y critican te puede llevar a la cumbre! Los grandes personajes de la humanidad, los que han cambiado el curso de la historia, fueron considerados locos por atreverse a pensar diferente. No te detengas ante burlas insensatas, si crees que mereces vivir mejor, insiste hasta conseguirlo. En una entrevista ofrecida al periódico de la Universidad donde estudió, Ansari dijo: "'Nunca me dejo hundir por el fracaso. Si algo no funciona, busco cómo darle la vuelta. En mi mundo, el fracaso no es una opción". Típica actitud de los que logran conquistar las alturas, ¡Nunca bajan la cabeza ante los problemas! Siempre están dispuestos a luchar y vencer. Como cualquier persona del mundo, esta mujer tiene historias de tropiezo, la diferencia está en que ella es de los que no se detienen a llorar y lamentar los errores cometidos, sencillamente rectifican y avanzan, y esto la convierte en un ser triunfante. Tal vez estés cansado de tropezar intentando la victoria, y hayas interpretado los desaciertos como fracaso, sin entender que todas esas caídas representan el cúmulo de experiencias que te convertirán en un hacedor de riqueza. No importa que tan lamentable sea tu pasado, o tu condición actual, te aseguro que luego de poner en práctica los principios aquí planteados, estarás obligado a ser una persona exitosa. La bendición vendrá y te cubrirá. ¡Los problemas son temporales, tu potencial es infinito!

La acción trae riqueza

Al comenzar el recorrido por este libro, debes estar claro y convencido de que eres y serás el único responsable de cómo vivirás. ¡Tú decides como vivir! En los siguientes capítulos encontrarás relatos y enseñanzas de hombres y mujeres mil millonarios, todos con una cosa en común: fueron pobres. Así que después de leerlo no tendrás excusa para seguir siendo igual. ¡Todo a tu alrededor debe mejorar! Cada historia te proveerá del conocimiento necesario para elevar tu vida al nivel que has soñado. Podrás llegar tan alto como desees. Tu compromiso será leer, creer y practicar. Recuerda esto durante todo el proceso de cambio: CREER y PRACTICAR. Solo lograrás transformación cuando el conocimiento sea puesto en ACCIÓN. Conocí un hombre que tenía mucho conocimiento sobre el cuerpo humano, la alimentación y como mantenerse sano. Sabía tanto que podría ganar buen dinero como conferencista o entrenador personal en un gimnasio, sin embargo, su cuerpo y su salud cada día eran peores. Pesaba 135 kilos y cualquier esfuerzo físico le robaba el aliento. ¿Entiendes lo que trato de decir? el conocimiento no hacía nada por él. Leer libros, escuchar charlas y asistir a eventos son pasos muy importantes en la vida de todo individuo que desee estar en constante crecimiento. ¿Pero de qué sirve el mucho saber si no se pone en práctica? De nada. Puedes ser una persona que sabe mucho sobre dinero, y estar en bancarrota, o ser un experto en relaciones matrimoniales y vivir en medio de una guerra conyugal. El conocimiento sin acción solo te hará sentir peor, al recordarte lo bien que podrías estar. El cambio vendrá cuando abandones la pasividad y te pongas en marcha hacia la prosperidad, por esto la Biblia cita: "La mucha letra mata, pero el espíritu vivifica". Un cuerpo sin espíritu es masa sin movimiento. ¡Tener espíritu es vivir en ACCIÓN! Muchos al leer esto tal vez digan: "Yo nunca estoy quieto, trabajo diez horas diarias. Siempre estoy activo. ¿Debo hacer más?". Y probablemente la respuesta sea todo lo contrario, necesitas tener menos actividad para lograr la libertad financiera que deseas y necesitas. Acción y actividad son cosas distintas. Cuando digo que tu responsabilidad será ACTUAR, no me refiero a cargarse de actividad, te estoy invitando a la ACCIÓN. Por lo general las personas viven llenas de actividad, tanto, que el nivel de estrés en el mundo crece de forma preocupante. Los consultorios de psicólogos, terapeutas, psiquiatras y orientadores, cada día son más visitados, gracias a las enfermedades que causa el exceso de actividad. Sin embargo, la vida de quienes se someten diariamente a largas jornadas de trabajo, no muestran cambios económicos significativos. En algunos casos logran adquirir ciertos bienes bajo el hostigamiento de acreedores, bancos y tarjetas de crédito; comodidad que no representa prosperidad, pues se cambia la libertad por artículos o inmuebles, lo cual termina por robar toda sensación de bienestar. Actividad es moverse en función de una respuesta inmediata: surge una necesidad, y te afanas presurosamente para obtener solución, aun cuando el remedio se convierta luego en un nuevo problema. La actividad te obliga a vivir el día a día sin disfrutar lo que haces. Por el contrario, acción es operar en función de planes establecidos que tienen bien definido lo que se persigue. Es como cuando el director de cine grita: "Acción", cada personaje sabe qué debe hacer para conseguir una escena. Se tiene claridad de lo deseado. De este modo se economiza dinero, tiempo y energía, y lo más importante: los involucrados aprenden a divertirse trabajando; un concepto difícil de comprender para una persona que ha crecido escuchando frases como: "El dinero solo se consigue con trabajo y sacrificio", y por esta razón consideran que "trabajo es actividad". Isaac Newton estaba recostado bajo la sombra de un árbol cuando descubrió la Ley de la Gravedad. ¿Imaginas lo que pudieron opinar de él los agricultores, carpinteros, constructores y herreros de la antigua Inglaterra? Probablemente era considerado un vago que se recostaba a descansar a plena luz del día, mientras los demás se ocupaban de agotadoras actividades. Pero Newton estaba en acción, en medio de una intensa jornada laboral. ¿Has leído la historia del agricultor de Lincolnshire que produjo la mayor cosecha de trigo en 1680? Seguro que no. Aun cuando sirvió para alimentar a decenas de personas, fue intrascendente. Pero este hombre pudo ser uno de los que inmerso en las actividades del campo criticó la "inoperancia" de Newton. La forma como concebimos el trabajo debe ser replanteada si queremos salir de la crisis económica. Para prosperar es necesario trabajar, pero trabajo no necesariamente representa actividad, exceso de movimiento o estrés. Leí una biografía de Isaac Newton publicada por Internet, esta decía: "Newton fue llamado de la escuela para ocuparse de la granja de la familia. Un viejo sirviente de confianza recibió la tarea de enseñarle todas las habilidades necesarias, pero Newton nunca puso su corazón en el trabajo". ¿Te das cuenta del terrible error interpretativo y comunicacional de este biógrafo? ¡Afirma que uno de los hombres más prominentes de la humanidad "nunca puso su corazón en el trabajo"! Cuando nuestros niños leen estos escritos, siembran en su mente el paradigma de que una persona solo es útil y productiva si se ocupa de oficios físicos que impliquen esfuerzo y abnegación, en otras palabras, cuando abunda en actividad. En casa tengo un jardín grande que requiere de mucho cuidado, por esto hay una persona encargada de su mantenimiento. Hace diez años, cuando comenzó a laborar para nosotros, se comparaba conmigo y consideraba que de alguna manera Dios era injusto, pues yo, "que no hacía más que leer libros y sentarme a escribir", vivía mejor que él. ¿Ves que no hay ninguna diferencia entre el biógrafo de Newton y mi jardinero? ¡Los dos consideran que trabajo es actividad! La acción te dará como fruto riqueza, la actividad: cansancio. Por esto debes evaluar si estás: inmerso en múltiples actividades produciendo escasamente lo necesario para subsistir, acumulando información sin llevarla a la práctica, o disfrutando de la prosperidad que se produce al accionar el conocimiento adquirido. El principio físico de Acción y Reacción dice que "cuando se ejerce una fuerza sobre un cuerpo, este responde con otra de la misma intensidad..." Es decir, cuando una persona entra en acción produce energía y genera como respuesta una reacción o efecto de abundancia, pero quien se sobrecarga de actividad produce desgaste, en consecuencia, se debilitará, y por más que gane dinero siempre habrá una fuga que le impedirá ser integralmente feliz. Cada quien debe asumirse como único responsable de lo que recibe del universo. Todo lo que viene a nuestras vidas, es y será fruto de la manera como determinamos vivir. En cada capítulo de este libro encontrarás principios que te obligarán a buscar un lugar cómodo para recostarte a ACTUAR. El camino a la riqueza debe comenzar dentro de ti, cuando el cambio es introspectivo, el fruto se hace perdurable y altamente productivo. Si estás dispuesto a asumir el reto de manera valiente y responsable, no me queda más que decirte: ¡Bienvenido a una NUEVA VIDA!". Mira a tu alrededor y echa un vistazo a lo que será tu pasada manera de vivir. Escribe la fecha de hoy en el borde de esta página, pues te aseguro que habrá un antes y un después de este día. Nada podrá impedir que conquistes el cielo.

¡Naciste para ser un triunfador, no debes conformarte con menos!

"El alma del perezoso desea, y nada alcanza; más el alma de los diligentes será prosperada"
Proverbios 13:4

"Quiero decirles a las mujeres iraníes que pueden lograr lo que sea que quieran; son mujeres valientes, así que ellas pueden lograr cualquier cosa que se propongan y hacer realidad sus sueños"
Anousheh Ansari

"Cuando escuchamos algo lo olvidamos, si vemos algo lo recordamos, pero si hacemos algo lo comprendemos"
Máxima Educativa

"Jesús le dijo: Si puedes creer, al que cree todo le es posible"
Marcos 9:23

"Hablar de crisis es promoverla, y callar en la crisis es exaltar el conformismo. En vez de esto trabajemos duro. Acabemos de una vez con la única crisis amenazadora que es la tragedia de no querer luchar por superarla"
Albert Einstein

"Hay una gran diferencia entre lo que te enseñan y lo que finalmente aprendes"
Maryale Méndez

TODO COMIENZA CON UN SUEÑO

El principal secreto para vencer la escasez o las deudas está en los sueños. Tener un sueño es el primer paso en la producción de riqueza. Toda persona que anhele libertad financiera debe soñar con aquello que desea poseer. Los pensamientos prósperos rompen los cielos y hacen llover la abundancia del universo .

Hay una característica propia de los individuos exitosos: son soñadores. La gran mayoría de los multimillonarios del mundo han probado el amargo sabor de la soledad, la angustia, el hambre y la escasez, pero en medio de la crisis se han atrevido a soñar con un estilo de vida diferente, y hoy disfrutan placenteramente los beneficios de la abundancia. Su riqueza es fruto de la amplia capacidad para soñar.

Entre las muchas biografías que he leído, la que más me ha impresionado, es la de Heinrich Schliemann, un romántico idealista que basado en una historia utópica soñó con un tesoro de incalculable riqueza, y a pesar de ser juzgado de loco y especulador, convirtió la mitología en realidad, transformó la historia de Grecia y se convirtió en uno de los hombres más ricos de su época.

Schliemann nació en Neubukow, una pequeña aldea de campesinos pobres, en los suburbios fronterizos entre Polonia y Alemania. Los acontecimientos que marcaron sus primeros veinte años de vida, parecían indicar que había nacido para ser un desdichado, sin embargo, al morir era uno de los hombres más notables de Europa. Dejó muy atrás la pobreza y se convirtió en un excéntrico millonario que vistió a su amada esposa con joyas de incalculable valor y habitó en un palacio similar al de Príamo, último rey de los troyanos.

Siendo un niño que recién aprendía a leer, su padre le obsequió un libro que contenía los poemas épicos de Homero. Al ser deslumbrado por las guerras, la pasión y la opulencia descrita en la Iliada, soñó con encontrar el lugar que inspiró al poeta; una descabellada idea que solo podría tomarse como el tonto sueño de un chiquillo, pues en opinión de literatos e historiadores, tales narraciones no eran más que fantasía poética creada por un gran escritor.

Pero Schliemann pensó diferente, y desde entonces guardó su sueño con la esperanza de hacerlo realidad. Repetidas veces, y ante la burla de quienes le escuchaban, afirmaba que un día tendría entre sus manos los tesoros que adornaron los templos y palacios de los troyanos, y en 1873, a los 51 años de edad, luego de un arduo trabajo de investigación y forzosas excavaciones, tomó dos deslumbrantes diademas de oro, las puso sobre la cabeza de su amada Sofía, y lleno de orgullo exclamó: "El adorno usado por Helena de Troya, ahora engalana a mi propia esposa". ¡Había logrado su momento de gloria! ¡Su sueño se había convertido en realidad!

Lo que para el mundo era un absurdo pensamiento, inmortalizó a Schliemann como el explorador más rico y prominente de Europa en el siglo XIX. ¡El hombre que descubrió Troya!

Atrévete a soñar

Si un hada de poderes mágicos se parase frente a ti, y algo presurosa te dijera: "Tienes tres minutos para que describas el más grande de tus sueños, lo haré realidad y desapareceré para siempre", ¿Qué le dirías? ¡Solo tienes tres minutos! Si tardas más de treinta segundos para comenzar a responder, entonces estás perdido. No tienes claridad de lo que deseas, y si no sabes lo que quieres, tendrás que conformarte con cualquier cosa que te den.

Alguien dijo: "Soñar no cuesta nada", y yo me pregunto: "Si esto es cierto, entonces ¿Por qué la gente deja de soñar?". Si algo bueno es gratis, yo lo quiero para mí, y si puedo tomar todo lo que se me antoje sin pagar un centavo, créeme que no me conformaré con poco. Si soñar es una acción que te puede llevar a la grandeza, y no requiere de inversión económica, ¿Por qué no comenzar a hacerlo ya?

Si quieres ser exitoso debes soñar, soñar y ¡Soñar en Grande!

Desde muy temprana edad fui amante de los libros, a los quince años ya escribía poesía y algunos ensayos. Una tarde, sentado frente a la escuela, conversaba con Adive Alcántara, una muy querida amiga. Pensando en mi futuro le dije: "Un día mis libros serán vendidos en todas las librerías del país. ¡Seré famoso!" Ella, con un poco de sarcasmo, sonrió. Su actitud me hizo sentir tonto por un minuto.

Al llegar a casa, busqué una fotografía de lo que consideraba la mejor de mis pinturas, y al dorso escribí: "No hay éxito que no haya comenzado siendo un sueño". Al día siguiente se la obsequié. Luego de graduarnos perdí todo tipo de contacto con ella. Transcurridos diecisiete años, fui invitado a dar una conferencia para presentar mi libro "El éxito está en ti". Aquel salón estaba lleno de empresarios e importantes personalidades, entre ellas, en una de sus sillas estaba sentada Adive. Al subir al podio pude verla. Luego de ser presentado, mis primeras palabras fueron: "He venido a hablarles de mi nuevo libro, lo cual es la materialización de un sueño. El logro de un adolescente que se atrevió a soñar, requisito indispensable para convertirnos en triunfadores, pues estoy convencido de que no hay éxito que no haya comenzado siendo un sueño". Su rostro se iluminó con una fresca sonrisa. Ya no de burla, el brillo de sus ojos me decía: "¡Lo lograste!". Al terminar mi ponencia, bajé a saludarla, me abrazó y dijo: "Aún guardo la fotografía".

La razón principal por la que perdemos la capacidad de soñar, es porque a medida que crecemos se nos exige "madurar", dejar de ser niños. Y junto con esta exigencia anulamos uno de los dones más grandes que Dios ha dado al hombre: LA CREATIVIDAD.

Al nacer, somos dotados de todo lo necesario para triunfar. Salimos del vientre de nuestra madre con todo lo necesario para alcanzar las estrellas, y a medida que vamos creciendo nuestro

Heinrich Schliemann

sistema de pensamientos se va llenando de creencias que restan fuerza al poder creativo, hasta llegar a anularlo por completo en algunos seres. El estado de perfección en el que nacemos, se ve afectado por la insistente búsqueda de lo perfecto, es decir, que buscando ser perfectos nos hacemos tontos: anulamos la capacidad de soñar, crear y disfrutar la fantasía. Un niño de un palo, hace una escopeta e inventa una guerra; toma seis piedras, imagina que son pequeños autos y construye una autopista, o coloca un pote en su cabeza y se convierte en astronauta. Llegamos a la edad adulta, y vemos un palo como un palo y una piedra como una piedra ¿Dónde quedó toda esa inmensa capacidad para crear? En el mismo lugar que enterramos el potencial para hacer riqueza.

No comprendo por qué los seres humanos insisten tanto en esto de madurar, si todo lo que madura ha estado verde y termina por podrirse. Madurar no es otra cosa que poner en cautiverio nuestro Yo Emocional, ese ser que llena de magia y color la infancia. Bien cierto es que nuestras acciones deben ser controladas por la moral y la razón, pero esto, se puede lograr sin anular las emociones, ya que sin ellas es casi imposible crear, innovar, transformar y cometer esas locuras que nos recuerdan el valor de la vida. Sin magia e ilusión se puede adquirir dinero, pero jamás se logrará prosperidad. Para ser realmente felices, y aprender a disfrutar la riqueza, debemos buscar un sólido equilibrio entre la razón y la emoción, la locura y la cordura. Yo me niego a madurar; no quiero terminar como un plátano pútrido. Prefiero seguir siendo niño con la capacidad de creer que las cosas son posibles, ¡Un niño que sin ver críticas y limitaciones afirma que es capaz de volar! ¡Me niego a dejar de soñar! Quiero ser como Heinrich Schliemann, quien creció y murió sin dejar de creer que los sueños, aunque parezcan fantasía, pueden convertirse en realidad. Schliemann nunca envejeció, pues como dijo William Shakespeare: "Un hombre que no se alimenta de sus sueños, envejece pronto", y este hombre supo alimentarse.

Para cambiar tu vida, y hacerlo en GRANDE, es necesario que actives el poder creador por medio de tus sueños. Piensa en aquello que deseas una y mil veces, y no dejes de hacerlo hasta que lo tengas en tus manos.

Un joven vino a mi oficina en busca de orientación, deseaba ansiosamente el éxito empresarial. Le pregunté: "¿Qué deseas obtener?"

Respondió: "Quiero ser un empresario exitoso". Como no era lo que necesitaba escuchar, de nuevo pregunté: "¿Qué deseas obtener?". Esta vez tardó un poco más para expresarse, pero su respuesta no fue diferente: "Deseo una empresa exitosa"

Si a la habitación de este joven llegase el hada de los tres minutos, seguro perdería la oportunidad de su vida por no tener claridad en sus sueños. Codiciaba el éxito, pero desconocía el camino por el cuál este debía llegar.

Insistí cambiando la pregunta: "¿Empresario de qué?". Sus ojos se movían como buscando ayuda, y un poco turbado dijo: "Bueno, quiero algo así como un restaurante o una tienda de ropa juvenil..." Y de esta manera comenzamos a descubrir la raíz de su problema: "No sabía lo que quería". Su meta era imprecisa, y cuando no sabemos a dónde vamos cualquier lugar al que lleguemos sirve.

Tratando de no acosarle, dije: "¿Puedes describirme cuáles son tus sueños empresariales?". Se acomodó en la silla, y mostrándose un poco más seguro respondió: "Me imagino con mucho dinero, un buen carro, y en una oficina con aire acondicionado..." Todo eso era bueno, pero continuaba sin decirme cuál era su sueño empresarial. Solo estaba haciendo una lista de los beneficios del éxito.

Luego de un par de terapias aprendió a soñar con claridad. La última vez que hablamos me dijo: "Me veo llegando a mi negocio, un restaurante especializado en pastas y mariscos, un lugar lujoso con mesas vestidas de blanco y cientos de personas sonriendo disfrutando de exquisitos platos; mesoneros bien vestidos y muy atentos..." Y así continuó hasta que me vi obligado a detenerlo, pues otro paciente esperaba su turno.

Al poco tiempo, me llamó para invitarme a la inauguración de su negocio, algo modesto, pero era el primer paso. En sociedad con una hermana había abierto un restaurante. Más tarde, con más claridad sobre sus sueños, se mudó a Colombia, allí inició su propio proyecto: "Pachamama Café", un confortable espacio que ha ido prosperando con la visión de convertirse en una exitosa franquicia.

Construye sueños y atrae riqueza

Cuando Schliemann cumplió los dieciocho años, se embarcó camino a Venezuela con la idea de hacer fortuna y financiar la expedición en busca de Troya, una ciudad que por más de veinte siglos había permanecido enterrada.

En medio de una tormenta la nave se hundió, y aquel soñador terminó como náufrago en costas holandesas. Bien pudo detenerse a llorar su infortunio, pero siguió adelante con su idea de triunfo. Cuentan sus biógrafos que siempre se le vio caminar con un libro de Homero bajo el brazo, es decir, sus sueños eran como su sombra, fieles compañeros.

Imagino a este hombre recostado en su cama por las noches, soñando algunas horas antes de dormir. Dejando fluir su creatividad para construir imágenes que le permitiesen disfrutar sensorialmente el placer de tocar las ruinas de lo que en algún momento fue la recámara de los príncipes Héctor y Paris, o los muros del templo donde fue adorado Zeus y Poseidón, deslumbrándose ante el oro y la plata que vistieron a sus reyes. En otros momentos debió soñar con un ejército de obreros enérgicos haciendo las excavaciones que le llevarían a su tesoro. Estoy seguro de que invirtió cientos de horas en construir sus sueños, y estos le llevaron a la riqueza.

Un sueño bien elaborado debe tener sonido, color, forma, tamaño, emoción, textura, es decir: PASIÓN. Un sueño bien definido se convierte en el combustible que impulsa la nave hacia la abundancia y la bendición.

Sophia Schliemann

Esa es la grandeza de los sueños, nos llenan de motivación. Una persona que deja de soñar es presa fácil de la depresión, la tristeza y la soledad. La cura para las crisis depresivas no son las pastillas que condenan a un estado de inconsciencia y dependencia, el mejor tratamiento es: SOÑAR. Los sueños son medicina. ¡Los sueños son indetenibles! ¡Tienen alas!

Un joven me preguntó: "¿Cómo puedo saber si el camino que he tomado es el correcto?". Respondí: "Analiza si tu corazón te acompaña en lo que haces". Hay personas que dedican sus vidas a oficios solo pensando en el dinero que ganarán, pero su corazón está lejos de lo que hacen. Donde esté tu corazón allí estará tu PASIÓN, ingrediente indispensable para sazonar el éxito. Debes procurar ocuparte en oficios que produzcan PLACER, es decir, ganar dinero haciendo aquello que harías completamente gratis. La riqueza no debe ser un sueño en sí, esta debe ser el instrumento para hacer realidad un sueño, o el resultado de un sueño hecho realidad. Acumular fortuna ejerciendo una profesión u oficio que no produce pasión, te hará tan esclavo del dinero, como aquellos que llevan vidas controlados por la escasez.

Si realmente quieres vivir con salud, rodeado de amor, paz, abundancia, riqueza, sin deudas y provisto de todo, debes definir tus sueños con pasión, idear un futuro donde solo haces aquello que disfrutas y te causa placer.

Cuando estés listo para responder con claridad qué quieres recibir del hada de los tres minutos, comenzará tu ascenso a la cumbre.

El pasado no determina el futuro

La vida de Heinrich Schliemann está marcada por momentos de desgracia y tribulación. A los nueve años muere su madre, dejándole al cuidado de un clérigo protestante que fue expulsado del púlpito por llevar una desordenada vida sexual. Esta situación elevó la crisis económica familiar, por lo cual, involuntariamente abandonó sus estudios y tomó un trabajo como ayudante en una droguería, allí, enfermó por el esfuerzo físico. Años más tarde, luego de padecer el terrible naufragio, muere en Estados Unidos uno de sus hermanos dejando una significativa fortuna, producto de sus negocios durante la fiebre del oro. Heinrich invirtió todo lo que había logrado reunir para viajar a Norteamérica, pero al llegar a su destino descubrió que la herencia le había sido robada. Reinició la construcción de su riqueza comercializando polvo de oro por Centro América, un recorrido que ofrecía toda clase de peligros, pues sus carreteras, que debían ser transitadas en mula, eran atacadas frecuentemente por ladrones y asesinos. Estando en San Francisco fue atrapado por el devastador incendio de 1906, que destruyó el 80% de la ciudad y dejó más de 13.000 muertos. Todo esto, sumado al mal trato y desprecio que recibió de su primera esposa, y haber padecido de fiebre amarilla, en una época donde se desconocía la cura, podría ser un sólido argumento para que cualquier ser humano abandone sus sueños y concluyendo que nació para ser un fracasado. Sin embargo, a pesar de ser campesino, pobre, huérfano, y haberse criado inmerso en los conflictos de las post guerras napoleónicas, perseveró insistentemente para hacer realidad lo soñado, y hoy se encuentra entre los hombres más ricos y notables del Siglo XIX. No existen excusas para dejar de triunfar, la adversidad solo vence a quienes se hacen débiles y se rinden. Si determinas generar cambios y pones tus sueños sobre los problemas, el mundo junto a todas sus riquezas terminará rendido a tus pies. Muchos pretenden mirar el futuro de forma exitosa sin dejar de ver los desaciertos del pasado. Las experiencias vividas deben ser lecciones para incrementar y fortalecer tus capacidades. No puedes permitir que los recuerdos te condenen a la ruina, como dice el cantautor Willie Colón en uno de sus temas: "Si del cielo te caen limones, aprende a hacer limonada". En otras palabras, pase lo que pase tu única meta es triunfar. Nunca debes rendirte, el cielo pertenece a los soñadores.

El filósofo Hugo Landolfi dijo: "Es importante soñar. Los sueños motivan al éxito. Somos lo que somos, prácticamente por nuestros sueños". Es decir, serás todo aquello que te atrevas a soñar. Comienza a erigir tus sueños sin pensar en cuántas tragedias has vivido, o en toda la necesidad que te rodea, y mucho menos en lo que otras personas consideran que debes tener para ser feliz. Asegúrate de soñar tus propios sueños, y no los que te imponga la familia, la moda, la sociedad, la religión o los amigos, recuerda que es tu vida la que se moldeará en función de lo que sueñes.

Entonces, ¡Sueña en GRANDE! Ten la certeza de que, así como Heinrich Schliemann pudo descubrir Troya, tú podrás hacer cualquier cosa que te propongas en función de una mejor vida. El éxito espera por ti. Dios quiere que tus sueños se hagan realidad.

"Los hombres y pueblos en decadencia viven acordándose de dónde vienen; los hombres y pueblos fuertes solo necesitan saber a dónde van"
José Ingenieros

"Muéstrame un obrero con grandes sueños y en él encontrarás un hombre que puede cambiar la historia. Muéstrame un hombre sin sueños, y en él hallarás a un simple obrero"
J. Cash Penny

"Seguiré haciendo lo que hago, aunque tenga que cobrar por hacerlo"
Carlos Méndez Z

"Alegra al Señor con tus hechos, y él hará que se cumplan los deseos más profundos de tu corazón"
Salmo 37:4

CUESTIÓN
DE
ACTITUD

Para vivir en un verdadero nivel de prosperidad, es necesario asumir una actitud mental positiva, es decir, comenzar a creer que hay un mundo de bendición y posibilidades esperando por nosotros.

La actitud que tomamos frente a los problemas, determina la dimensión que le damos a un suceso. Podemos permanecer estancados ante el sufrimiento, o hacer uso del mismo escenario para provocar bendición, como dijo Guillen George Ward: "El pesimista se queja del viento, el optimista espera que cambie, pero el realista ajusta las velas". Por ello, si deseas libertad financiera, comienza a utilizar los vientos de crisis a tu favor y guía tu barco a puertos de abundancia.

He leído y estudiado la vida de numerosos triunfadores, y podría hablar de muchos millonarios como David de Rothschild, heredero de un próspero negocio bancario, o Evgeny Lebedev, acaudalado empresario que recibió de su padre uno de los más importantes medios de comunicación europeos; sin embargo, prefiero citar a aquellos que en medio del hambre y la necesidad asumieron una correcta actitud y venciendo toda clase de penurias llegaron a los lugares más altos. Personajes como Sam Walton, que pasó la infancia vendiendo leche, y al morir era uno de los hombres más ricos del mundo, o Rubén Urbieta Valdovinos, un reparador de máquinas averiadas, que fundó la más prestigiosa Universidad de Paraguay.

Hombres que, mostrando fortaleza ante las circunstancias hostiles, decidieron ver jardines cubiertos de oportunidades donde cualquier fracasado habría visto un desierto de sufrimiento.

Walton y Urbieta, a pesar de haber crecido entre pobreza, hambre, guerra, dictaduras y conflictos políticos, asumieron una actitud que les condujo a ocupar posiciones de prestigio con plena libertad financiera.

Aun cuando pudieron sentarse a llorar lo cruel que fue la vida, tomaron cada vivencia para construir los escalones que les elevarían a la GRANDEZA, establecieron ser vencedores, y cambiaron la historia de sus familias y de sus naciones.

El lechero millonario

Sam Walton, ícono del comercio moderno, nació en una modesta granja de Oklahoma (1918). A muy temprana edad se vio obligado a trabajar para ayudar económicamente a su familia. Cada mañana, antes de salir el sol, ordeñaba una vaca que tenían en casa, para luego caminar varios kilómetros vendiendo la leche. Al finalizar esta jornada, corría a repartir periódicos por las calles del pueblo. Ya cansado, terminaba sentado en la silla de una institución pública atendiendo las actividades escolares. Una dura manera de comenzar la historia de su vida, pero todo este esfuerzo y sacrificio, en lugar de acomplejarle, fortaleció su espíritu de conquista, y a pesar de que pudo crecer lleno de traumas por considerarse un niño desdichado, lo hizo soñando con convertirse en el mejor comerciante del país.

Cursó estudios de economía, con un nivel de pobreza tan grande, que debía trabajar como mesero a cambio de comida. Al graduarse, se unió al ejército y fue enviado a combate durante la Segunda Guerra Mundial, un período en el que aprendió el arte de la guerra, lo cual aplicó estratégicamente en el mundo de los negocios. De regreso a los Estados Unidos, adoptó el modelo de Clarence Saunders, creador de los automercados, tomó un préstamo y se aventuró en el mundo de los negocios con la visión de hacer fortuna, utilizando técnicas de atención al cliente, que con el tiempo ganaron respeto y hoy se estudian en las principales escuelas de negocios con el nombre de "marketing experiencial". Walton, entendiendo que el ser humano suele asociar las sensaciones visuales, auditivas y kinetésicas con emociones y sentimientos que finalmente se traducen como experiencias vivenciales, abrió una tienda que brindase placer y comodidad al cliente mientras compraba.

Los comerciantes de la región criticaron severamente sus métodos. No toleraban la irreverente forma como rompía la tradición de vender. Incluso llegaron a presagiar que se iría a la bancarrota por improvisar técnicas que ponían en riesgo su inversión. Sin embargo, el negocio se expandió llegando a convertirse en "Wal-Mart", la cadena comercial minorista más poderosa del planeta, que para el año 2016 tenía cerca de 11.500 establecimientos, 197 mega centros comerciales, 2.350.000 empleados y un patrimonio que supera la economía de naciones como Suecia y Arabia Saudita. En el 2017 la Lista Fortune Global 500 ubicó esta empresa como la mayor corporación pública del mundo.

Walton fue un sabio emprendedor que supo reconocer y satisfacer las necesidades de sus clientes, un visionario que se atrevió a romper los patrones establecidos y dio lugar a una nueva generación de consumo.

Desde su incursión en el mundo de las ventas, los consumidores cambiaron su actitud al comprar, y todos los comerciantes que se negaron a responder a esta nueva demanda, poco a poco han desaparecido del mercado. Pues como lo afirma Alberto Medina, articulista de ANSA, la cambiante lealtad del consumidor hacia las marcas ha obligado a los fabricantes a ser más competitivos y a ofrecer mejores opciones, y brindar cada vez más, una eficiente atención al cliente. Hoy día el usuario exige una serie de requerimientos entre los que se encuentra el precio, claro está, pero sin que este sea el único factor que motive su decisión de compra. La globalización y la recesión, impulsan al consumidor a buscar un beneficio adicional en las compras que efectúa para obtener un mejor precio, al que se suman calidad y buen servicio. Bernd Schmitt, lo plantea de la siguiente manera: "El cliente ya no elige un producto solo por la ecuación costo-beneficio, sino por la vivencia que ofrece antes de la compra y durante su consumo. Si la comercialización y el producto brindan una experiencia agradable y satisfactoria a sus necesidades, el éxito está asegurado".

Sam Walton

Walton aprovechó las necesidades emocionales de sus clientes para hacer fortuna mientras les hacía sentir bien. Se concentró en ofrecer una "experiencia grata al comprar" brindando buenos precios, seguridad, calidad y comodidad, una combinación que garantiza el éxito a cualquier negocio. Un principio que debe ser practicado por todo el que persiga éxito financiero.

En 1988, la prestigiosa revista Time eligió a Sam Walton como una de las cien personalidades más influyentes del Siglo XX, nada mal para alguien que comenzó como lechero.

Para mayo del 2018, la fortuna que un día inició aquel pequeño niño campesino, ya se elevaba sobre los 174.000 millones de dólares, convirtiendo a los hijos de Sam, según el Ranking de The Sunday Times, en la familia más adinerada del planeta.

Envidia y admiración

Cuando estaba estructurando este libro, me reuní con un amigo y le compartí algunas ideas. Al enterarse de que dedicaría un capitulo para hablar de Sam Walton, se sorprendió y me dijo: "De Wal-Mart se dicen muchas cosas malas" Y es que, efectivamente esta empresa ha sido objeto de crítica durante las últimas décadas. ¿Pero por qué ver los errores cometidos, cuando podemos enfocarnos en la grandeza de un hombre que encontró el camino a la abundancia? Buscar defectos para criticar y censurar, es una tarea que bien saben hacer los mediocres, por lo general, ellos al sentirse frustrados toman errores ajenos para compararse, y luego justificar la razón de su crisis mostrando falsa humildad, lo cual les convierte en seres infelices carcomidos por la envidia.

Las personas envidiosas difícilmente prosperan. Suelen pasar la vida codiciando bienes o estilos de vida de forma solapada, y al sentirse incapaces de conseguirlos, emprenden cruzadas aniquiladoras contra todo lo que huela a éxito. Malgastan su energía buscando defectos en los hacedores de fortuna, para luego tildarles de impíos y "santificar" así su miseria. Con esta actitud están condenados a permanecer rodeados de limitación. La envidia cauteriza el potencial humano e impide que se pueda ver luz en medio de las tinieblas.

Un proverbio árabe dice: "Los ojos no sirven de nada cuando el cerebro es ciego", y es que cuando un individuo tiene una actitud incorrecta, movida por un espíritu de crítica y envidia, puede estar frente a las más grandes lecciones, oportunidades y bendiciones, que seguirá viendo limitación y frustración.

Cualquier persona que busque motivos para reprochar a Warren Buffett, Jerónimo Arango, Jeff Bezos, Karl Albrecht, Tan Yu, o Gustavo Cisneros, encontrará mucho material, pues cada uno de estos personajes está sujeto a debilidades humanas, y gracias a su imperfección han cometido decenas de errores. Pero créeme que también hallarás razones para criticar a Teresa de Calcuta, Confucio, Martin Luther King, o al mismo Jesús, si te propones hacerlo.

La misma entrega y energía que utilizas para señalar los errores cometidos por una persona exitosa, puede ser empleada para copiar los principios que le llevaron a la cumbre.

Envidiar y criticar estancan y condenan a la mediocridad, admirar e imitar eleva a la grandeza. Una persona que busca el tesoro de un barco en el fondo del mar, no pierde tiempo estudiando la historia para revelar los errores cometidos por el capitán que guiaba la nave naufragada; analiza los hechos para trazar un camino que le conduzca a la riqueza.

Si quieres llegar a la cumbre, debes tener la actitud correcta. Aprende de quien ya ha estado allí, en sus aciertos y errores te será revelado el secreto para conquistar la cima del éxito.

Actitud en medio de la crisis

Cuando Crhistopher Shoes inventó la máquina de escribir en 1867, jamás imaginó que esta creación industrial llevaría a un joven aficionado a fundar uno de los más importantes Centros de Estudio Superior de Sur América: la Universidad de Columbia del Paraguay.

Paraguay es un pequeño país que ha escrito su historia en medio de guerras, dictaduras y golpes de Estado. En este escenario, muchos hombres y mujeres, enfrentando todo tipo de restricciones y contrariedades, se han convertido en triunfadores. Tal es el caso de Rubén Urbieta Valdovinos, un aguerrido soñador que haciendo uso de su creatividad produjo riqueza y brindó desarrollo a su nación.

A la edad de veintidós años, se dedicó a reparar y brindar servicio de mantenimiento a las primeras y pocas máquinas de escribir que llegaban al país. Los aparatos recompuestos pasaban por un supuesto "período de prueba", lo cual no era más que una excusa que le permitía ganar dinero enseñando a personas deseosas de aprender a escribir en ellas. Así, con máquinas ajenas y en medio de un taller de reparación, empezó un proyecto que tomó forma de institución educacional y más tarde se convirtió en la Academia Columbia.

Poco a poco, otros estudios de capacitación técnica y empresarial se fueron incorporando, brindando a los alumnos la oportunidad de aprender taquigrafía, ingles, secretariado ejecutivo, contabilidad y administración.

La gran expansión y el grado de especialización que había adquirido le motivaron a solicitar, en 1972, el reconocimiento oficial como universidad, lo cual recibió una negativa por razones políticas. Pero Urbieta no se rindió, insistió creyendo que algún día lograría lo que se había propuesto, y veinte años después, tras la caída del dictador Alfredo Stroessner, el proyecto fue aceptado legalmente por el gobierno, pasando a ser una institución de carácter universitario.

Urbieta no tenía riqueza, ni formación académica y le eran negados los beneficios que ofrece un país en democracia, sin embargo, en medio de un régimen déspota que condujo a la sociedad paraguaya a una cruenta guerra civil que dejó más de 30.000 muertos, se atrevió a creer que podía proveer una alternativa de desarrollo para su pueblo, y lo logró. Una actitud digna de admiración y respeto.

En tanto, millones de paraguayos veían crisis en la guerra y la

Ruben Urbieta V.

represión, Rubén Urbieta Valdovinos vio la oportunidad de hacerse grande, no perdió tiempo y energía buscando razones para criticar al gobierno, encontró las necesidades existentes a su alrededor, se abocó a proveer soluciones y esto lo convirtió en un ser diferente. Mientras sus coterráneos vivían mentalmente prisioneros de una dictadura militar, él se elevaba como un ser libre e independiente, ya que una correcta actitud despierta la imaginación y nos hace creativos, y como dijo Willy Wonka: "No hay vida que pueda compararse con la imaginación, viviendo allí serás libre".

La actitud correcta activa los sueños

Al definir lo que se quiere recibir, es decir, tener sueños bien planteados, la actitud es un factor de gran importancia, ya que anhelar grandes cosas con un enfoque incorrecto de la vida podría llevarte a un terrible estado de frustración.

Cualquier persona puede soñar, pero no todos logran obtener lo deseado, pues un resultado positivo requiere de un gran sueño sumado a una correcta actitud.

Los pesimistas suelen soñar, pero sus sueños por lo general terminan convirtiéndose en pesadillas. La actitud hace la diferencia.

Durante un seminario, pedí a los oyentes que escribiesen cuál sería el modelo de vida que más les gustaría vivir, debían agregar todos los elementos materiales, emocionales, espirituales, profesionales, empresariales y familiares que les fuera posible. Luego responderían las preguntas: ¿Qué necesitas para lograrlo? y ¿Qué impide que lo hagas realidad? Al terminar el ejercicio, dos participantes generaron un interesante debate. El primero, muy motivado dijo: "¡Sí es posible ser feliz, con un poco de esfuerzo todo esto se puede conseguir!". Al instante, una señora replicó: "Yo por el contrario acabo de descubrir que estoy más lejos de la felicidad de lo que pensaba". Todos en el salón guardaron silencio mostrando asombro y compasión. Les pedí que compartiesen lo que habían escrito en sus hojas, se levantaron, lo leyeron, y para sorpresa del grupo, las listas eran casi iguales. Sus necesidades y deseos eran muy parecidas. Ahora bien, si estas dos personas tenían edades similares, eran colegas egresados de la misma universidad, trabajaban en la empresa que había contratado mis servicios y devengaban un sueldo equivalente, ¿Qué hacía la diferencia? ¿Porqué una persona descubrió la posibilidad de ser feliz, mientras la otra terminó de hundirse? Sencillamente tenían actitudes diferentes, y por eso interpretaron la respuesta desde dos perspectivas.

R. Jefferess, definió la actitud como la respuesta emocional que damos ante determinada circunstancia de la vida. La forma como interpretamos una situación, que bien puede ser positiva o negativa, determina la conducta, y en consecuencia nuestro estilo de vida.

La actitud proviene esencialmente de la información que llevamos grabada en nuestra mente, por esto, solo se puede lograr una actitud correcta cuando cambiamos las creencias o manera de pensar. La actitud no se cambia modificando la conducta, todo lo contrario: la conducta cambia cuando modificamos la actitud. La conducta se da en respuesta a un estímulo, y esta obedece a los paradigmas que poseemos.

Para producir riqueza y romper todo tipo de crisis económica, es necesario evaluar cuál es la actitud que se tiene ante el dinero y la abundancia. Si tus creencias son del tipo: "El dinero es malo", "La espiritualidad no se relaciona con la riqueza", "No se puede confiar en las personas adineradas" o si manejas opiniones como: "Es mejor ser pobre pero honrado", "El dinero no crece en los árboles", "Es mejor tener poco y vivir en paz", y toda esta clase de frases destructivas, tendrás que comenzar a modificarlas o estarás condenado a vivir y heredar a tus hijos la maldición de la pobreza. Tus pensamientos y acciones deben ser coherentes con tus sueños, solamente así atraerás prosperidad. Comienza a decir: "El dinero es bueno, algunas personas que lo poseen tienen conductas incorrectas, pero el dinero es muy bueno", "Puedo ser muy rico y seguir siendo espiritual", "Hay miles de personas adineradas dignas de confianza", "Sí es posible ser millonario, honrado y vivir en paz al mismo tiempo", de este modo serás un imán para la riqueza.

Para descubrir si realmente hay conexión entre tu sueño y tu actitud, debes confrontar lo que deseas con lo que crees; por ejemplo, si te propones caminar sobre la luna y crees que es pecado viajar al espacio, en esta incoherencia podrás descubrir por qué vives con los pies pegados a la tierra. De igual modo, si sueñas con "ser millonario" pero crees que "todos los ricos son egoístas", bloquearás inconscientemente tus posibilidades de éxito. Tu cerebro se encargará de sabotear el logro de esa meta, ya que es muy probable que previamente hayas establecido ser dadivoso y colaborador con los necesitados, moralmente tendrías prohibido ser egoísta. A menos que cambies tu manera de pensar sobre los ricos, pasarás la vida soñando y luchando, pero siempre rodeado de limitación.

Una buena actitud produce libertad

Me sorprende en gran manera lo difícil que es para muchos, salir de una situación de crisis, aun conociendo los principios para lograrlo. Durante los últimos veinticinco años he trabajado con personas que están inmersas en diferentes situaciones de crisis: en medio de un embargo, enfrentando un divorcio o ahogándose en las deudas, y por más que les enseño el secreto para transformar este tipo de situaciones, algunos continúan haciendo lo mismo, y, en consecuencia, viviendo igual.

Ejemplo de ello es una pareja que llegó a mi oficina con el deseo de cursar un taller de desarrollo personal, tenían mucho interés, pero no disponían de dinero para cancelar su costo. Vista la inquietud, decidimos obsequiárselo. Comencé a trabajar para despertar su espíritu y guiarlos a la grandeza, pero fue necesario poco tiempo para descubrir que estaba echando semillas sobre tierra infértil. Tenían nuevos conocimientos, pero mantenían la misma actitud, no percibí cambios en su manera de vivir.

Ocurrieron ciertas situaciones que me llevaron a dimitir y dedicar mi tiempo a otros.

Una noche dejaron de asistir a clase porque estaban reunidos con un grupo de personas alimentando su esperanza de poseer vivienda con promesas políticas, aun cuando les había enseñado que debemos considerar el hecho de recibir las miserias que los gobiernos reparten procurando simpatizar con los pueblos, pues tenemos suficiente potencial para crear riqueza, sin implorar las migas arrojadas por quienes disfrutan de grandes banquetes. Como es obvio, esta reunión "motivacional", que mejor llamaría "de manipulación", se realizó previo a un proceso eleccionario.

Ignoraron los principios, y decidieron seguir dependiendo de los demás. ¡No lograron creer en sus capacidades! A la fecha no han recibido su "casita". Tal vez algún día caiga una miga para ellos y recojan lo que creen merecen.

El principal problema de los pobres es que siempre están esperando ser socorridos por políticos o individuos exitosos. Son seres dependientes que se convierten en esclavos de las circunstancias. Sujetos que infructuosamente anhelan riqueza, pero viven lejos de poseerla, ya que su libertad financiera comenzará cuando decidan ser autónomos: directores de sus propias vidas. ¡Creadores de abundancia!

Ser independiente no significa rechazar la solidaridad de familiares y amigos que con respeto y sinceridad desean apoyar nuestro crecimiento, pero sí, dejar de anhelar el auxilio de quienes pueden vernos como seres inútiles, incapaces de labrar un camino de prosperidad, y que muchas veces brindan su ayuda por obligación, lástima o compromiso.

Para dar inicio a una vida en bendición, es necesario caminar con actitud de libertad, asumiendo responsablemente el compromiso de actuar como protagonistas de nuestro éxito, y así sobreponernos a la necesidad y la desdicha.

Pasar por la vida esperando la ayuda de otros, genera una incorrecta actitud que abre puertas a la pobreza y las deudas. Para crear un nuevo y mejor mundo es necesario romper las cadenas, independizarse de bondades ajenas y enfrentar la adversidad como un valiente guerrero.

La buena actitud se hereda

En 1902, procedente del Líbano, llegó a México Julián Slim Haddad, un solitario joven de catorce años que, huyendo del hambre, la guerra y el autoritarismo del Imperio Otomano, vio en América la oportunidad de hacerse a una vida mejor. Un largo viaje en el que estuvo presente el dolor y la incertidumbre, pero al desembarcar en Veracruz, se llenó de optimismo, y sin saber pronunciar una sola palabra en español, enfrentó al mundo con la firme convicción de prosperar y hacer que valiese la pena el sacrificio.

Se dedicó al comercio y juntó dinero hasta que logró reunir 12.000 pesos, con lo cual abrió su primera tienda, una mercería que llamó "La Estrella del Oriente", de allí fue consolidando un pequeño capital que le permitió adquirir varios inmuebles en la zona. A los 34 años había conseguido reunir su primer millón de pesos.

La actitud de optimismo y dedicación laboral de Julián Slim fue admirable. Tenía seis años su negocio, cuando surgió la revolución mexicana, un conflicto armado que duró una década y motivó a más de 500 mil personas a emigrar a los Estados Unidos.

Los mexicanos ante tal crisis, entraban en pánico desmoronándose emocionalmente, situación que Slim supo aprovechar para consolidar su negocio gracias a que poseía una actitud diferente. Cuando otros sucumbían al ver como el país se hundía entre muertes y enfrentamientos bélicos, él vio la oportunidad de comprar a buen precio los bienes de quienes abandonaban sus propiedades llenos de miedo.

La buena actitud de Julián Slim fue transmitida a sus hijos. Cada domingo los sentaba para enseñarles principios de prosperidad y les entregaba una pequeña cantidad de dinero que

Carlos Slim

debía ser bien administrada, ya que al siguiente fin de semana le rendían cuentas de los gastos e inversiones realizadas, y siempre debía quedar una buena parte para el ahorro. Así fue como Carlos Slim dio sus primeros pasos en el mundo de las finanzas, para luego convertirse en uno de los hombres más ricos del mundo con una fortuna que en el 2019 sobrepasaba los 56 mil millones de dólares.

Gracias a este sistema de administración y ahorro inculcado por su padre, Carlos Slim a la edad de doce años, compró sus primeras acciones en el Banco Nacional de México. Siguiendo el modelo paterno, lleno de optimismo enfrentó las crisis económicas de su nación, aprovechando para adquirir empresas al borde de la quiebra con la firme intención de elevarlas al mejor estado productivo, objetivo que siempre supo cumplir y que le llevó a ser propietario de 180 empresas, 12 licencias de marcas y casi 40 compañías. Entre las más importantes firmas y corporaciones de Slim, destacan Telcel, Telmex, Claro, Condumex, Banco Inbursa, Amortiguadores Gabriel, Telesites, TCE Telecom, Comcel, Editorial Contenido, Carso, Imbursa, además de ser socio de Apple Inc, The New York Times, Televisa y Telefónica.

Al igual que los Slim, las personas con una correcta actitud tendrán siempre una visión especial para los negocios, donde la mayoría ve problemas, ellos encontrarán oportunidades de éxito. Ese es un don que el universo otorga a los que deciden marcar la diferencia, se desarrolla un especial sentido para crecer y triunfar, y esto, inevitablemente es transmitido a sus hijos, así van construyendo generaciones y sociedades más prósperas. ¡Tú puedes ser diferente!

Tu vida puede cambiar, solo debes asumir la actitud correcta; para lograrlo, llena día a día tu mente con pensamientos de grandeza y posibilidad. No prestes atención a los comentarios de quienes te rodean, o lo que anuncian los medios de comunicación en sus noticieros. Solamente necesitas un espíritu de conquista para hacer realidad cualquier sueño.

"Sin crisis no hay desafíos, sin desafíos la vida
es una rutina, una lenta agonía"
Albert Einstein

"Cuando buscamos ser mejores de lo que somos,
todo a nuestro alrededor mejora"
Paulo Coelho

"Vale más un don nadie con criado,
que un don alguien sin pan"
Proverbios 12:9

"Cada momento es especial para quien tiene
la visión de reconocerlo como tal"
Henry Miller

SEÑALA AL CULPABLE

Un joven me dijo: "Yo no tengo la culpa de ser pobre, sencillamente nací así". Le respondí con palabras del conferencista
Roberto Pérez: "Los ricos son ricos porque decidieron ser ricos,
y los pobres son pobres porque nunca decidieron ser ricos".

Efectivamente a nadie le es permitido escoger dónde nacerá,
igual se puede llegar a un hogar de abundancia, como a uno
lleno de miseria. Lo que sí es innegable, es que todos tenemos
la oportunidad de cambiar aquello que nos desagrada. El 90%
de los ricos del mundo también nacieron pobres, lo que hizo la
diferencia en ellos fue que decidieron modificar el curso de sus
vidas.

Aunque ideólogos como Baruch Spinoza y Carlos Marx criticaron y hasta negaron la existencia del libre albedrío, por considerarle una teoría individualista, las infinitas capacidades del
ser humano demuestran que el hombre tiene libertad para
hacer y lograr todo cuánto le plazca. Desde el momento preciso
que un individuo decide tomar control de sus acciones, puede
actuar con la conducta que más le favorezca, por esto, cada
quién debe aceptarse como el principal responsable de su estilo
de vida.

Por lo general, las personas que viven en situación de pobreza
evaden la culpa señalando a terceros, y es que resulta más cómodo desviar la responsabilidad hacia políticos, familiares, instituciones, vecinos, amigos y cuanto personaje se haya cruzado
en su camino. Cada individuo, sea pobre o rico, tiene libertad
para escoger como vivir. Los ricos también pueden elegir vivir
en pobreza, tal como lo hizo Víctor Flanagan, que abandonó la
opulencia para recorrer Australia caminando desnudo, en compañía de un perro. Una mañana fue hallado sin vida tirado en
una canoa y a pesar de que le enterraron como un indigente,
dejó una fortuna que incluía una casa frente al mar, valorada en

cuatro millones de dólares.

Aunque nos moleste, hay una verdad que debemos admitir: Si vivimos negados a los privilegios del buen vivir, abrumados con restricciones económicas, es porque lo aceptamos o porque nunca hemos decidido cambiarlo. ¡ERES EL ÚNICO RESPONSA-BLE DE TU PROSPERIDAD!

Miles de hombres nacidos en extrema pobreza han cambiado lo que parecía un inminente destino, y hoy disfrutan de grandes fortunas, de igual modo, tú puedes hacerlo, solo necesitas determinar el cambio. ¡TÚ DECIDES COMO VIVIR!

En el mismo momento que escojas ser diferente y vivir en plenitud, se dará inicio al proceso de conversión. No recibirás dinero en los siguientes quince segundos, pero las puertas de la abundancia ya estarán abiertas sobre tu cabeza. Jim Hartness dice: "Los grandes cambios, no se producen progresivamente en largos períodos de tiempo. Son el resultado de decisiones conscientes que se toman en momentos específicos". Esto quiere decir que, dejarás de ser una persona endeudada e infeliz, en el momento que depongas la constante búsqueda de culpables, asumas tu compromiso y decidas cambiar. El pago a los acreedores, la compra de mejores muebles y las inversiones empresariales, vendrán como resultado: serán el fruto de una correcta actitud.

Los cambios comienzan en el mundo espiritual, de forma intangible, cuando encuentran solidez en nuestra mente, se da inicio al proceso de materialización.

La riqueza comienza con una decisión, toda fortuna se construye primero en el pensamiento. La mente es un campo fértil que multiplica todo lo que allí se siembra, si plantas pensamientos de grandeza, no habrá límite a tu prosperidad.

Imagina que adquieres un terreno, y trabajas en él durante quince días regando dos mil semillas de naranja. Aunque solo eres dueño de un lote de tierra con semillas, ya no serás el mismo, desde ese momento pensarás, hablarás y actuarás como un productor de naranjas. Aun cuando no has recibido un centavo por sus frutos, ya tienes conciencia de millonario. Tu vida será diferente mucho antes de que se materialicen los resultados.

Causa y efecto

Bien sea que decidas actuar, como que determines dejar de hacerlo, siempre recibirás un resultado. Si tienes un campo y siembras, tendrás alimento, si dejas de sembrar, dejarás de tenerlo; ambas acciones tienen una respuesta y producen un efecto. Lo que sembramos es lo que cosechamos.

Cuando elegimos actuar en función de la riqueza, el fruto será riqueza. Lo único que puede impedir que recibas con libertad es que actúes de manera contraria. La Ley de la Causalidad nos enseña que todo lo que hacemos en la vida trae sus consecuencias. Puedes elegir ser millonario, pero si te conduces por la vida como una persona floja que se niega a trabajar, tu derecho a la abundancia será coartado por el fruto de tus acciones. El deseo puede ser muy fuerte, pero el fruto de la pereza es pobreza, por esto la Biblia declara: "El alma del perezoso desea, y nada alcanza, más el alma de los diligentes será engordada" (Proverbios 13:4).

Aun cuando una persona esté hundida en el peor estado de miseria, siempre tendrá libertad para elegir acciones que le conduzcan a una mejor condición. La riqueza es una recompensa para quienes dejan de buscar culpables, y con responsabilidad determinan ACTUAR.

Las biografías de millonarios que llegaron a la cumbre por azar son escasas, la historia nos enseña que la abundancia es fruto del trabajo. Bien lo dijo Donald M. Kendall, co-fundador de Pepsi Company: "El único lugar donde el éxito viene antes que el trabajo es en el diccionario". Un concepto bien entendido por los más ricos del mundo, que ha servido de guía para muchos jóvenes que a muy temprana edad ya están amasando una gran fortuna, como es el caso de Max Levchin, creador de PayPal, un sistema de comercio electrónico que permite pagos

Max Levchin

y transferencias de dinero a través de Internet. Levchin, luego de vender esta empresa por 1.500 millones de dólares a E-bay, creó Slide Inc. a la cual dedica un promedio de doce horas diarias. Sin importar que ya posee más dinero del que podría necesitar el resto de su existencia, sigue trabajando con esmero, pues ha decidido ser útil y productivo hasta el último día de su vida, muy al estilo del multimillonario Carlos Slim, quien afirma que difícilmente dejará de trabajar, ya que el trabajo es una necesidad emocional.

Cuando el trabajo deja de ser trabajo

Para muchos, el trabajo es sacrificio, y es este el tipo de individuos que difícilmente dejan de ser pobres. La mayoría de las personas conciben el trabajo como una obligación, por esto viven llenos de amargura, quejándose y renegando por lo que hacen. Por el contrario, otros aprenden a disfrutar tanto su oficio, que morirían si se les prohíbe hacerlo.

De forma inconsciente los seres humanos llevan sembrado un dañino paradigma sobre el trabajo, y en mucho de esto tiene que ver la manera como se concebía la actividad laboral en el pasado. Etimológicamente la palabra trabajo se deriva de una tortura medieval cuyo nombre en latín era "tripalĭum". Esta expresión se extendió al verbo "tripaliāre" como sinónimo de torturar o torturarse, y posteriormente la palabra mutó en el castellano arcaico a "trebejare", con el significado de esfuerzo. De allí que, para muchos, el trabajo debe acompañarse de dolor, sacrificio, angustia, aflicción y martirio. Sin embargo, estos conceptos han sido eliminados en las oficinas de modernas empresas como Facebook, compañía que en 2017 arrojó una ganancia que superó los 40.000 millones de dólares.

Para su creador, el judío Mark Zuckerberg, el trabajo es diversión, los 25.000 empleados de esta Red Social Virtual pueden escuchar música en sus oficinas, escoger los horarios a su conveniencia, vestir en jeans y camiseta, disfrutar de comida y servicio de lavandería gratis. ¡Toda una fiesta laboral! En Facebook el trabajo es felicidad, lo cual no le resta seriedad, o de lo contrario en el 2007 Microsoft no habría invertido 240 millones de dólares para adquirir el 1,6% de sus acciones.

¡El trabajo puede ser divertido! Disfrutar mientras trabajamos es uno de los beneficios de vivir en prosperidad.

¿Puedes creer que una persona recostada junto a una piscina tomando sol esté trabajando? ¡En un completo estado de placer! Para muchos esta escena es totalmente incompatible con el concepto que manejan del trabajo, sin embargo, ahora mismo estoy escribiendo este libro, recostado, bronceando mi cuerpo bajo un fuerte sol de verano. ¡Trabajo no es sacrificio!

Otro joven que está rompiendo el viejo paradigma del trabajo y acumulando una gran fortuna es Fraser Doherty, de Edimburgo, quien opina que para ser millonario hay que aprender a divertirse, y así lo hace desde el día que se asumió como único responsable de crecimiento económico. En la cocina de sus padres comenzó a fabricar mermeladas, tal como lo hacía la abuela, y en medio de una dulce diversión, nació SuperJam, una empresa que en menos de dos años de operatividad fue tasada en dos millones de dólares, convirtiendo a Doherty en la primera persona en ser galardonada, fuera de los Estados Unidos, con el Premio Empresario Estudiantil Global del Año. Desde el 2010 se convirtió en conferencista de la Universidad Metropolitana de Londres, lo cual le ha permitido incrementar su fama y riqueza.

No pretendo decir que para edificar una fortuna sea necesario imitar estas conductas empresariales, pero debes entender que necesitas disfrutar lo que haces para facilitar el ascenso. Abandonar la creencia de que el trabajo es sacrificio y permitir que mientras trabajas tu vida se llene de alegría.

Si al leer esto, dices: "¡Es imposible que me llegue a gustar lo que hago!" Entonces es tiempo de que comiences a hacer algo que te guste, ten presente que la riqueza es fruto del trabajo, no del sacrificio, de lo contrario los obreros en una construcción percibirían mejores ingresos que el pulcro arquitecto que les dirige.

Los ricos tienen la culpa

Escuché a un político iracundo decir: "Los ricos son los culpables de todos los males de la humanidad. Si ellos repartiesen su fortuna entre los pobres, podríamos vivir en iguales condiciones". Me pregunté: "¿Realmente los ricos son culpables de las calamidades del mundo?" Y terminé concluyendo que no, en realidad la culpa podría recaer más en quienes han gobernado las naciones, que en los empresarios que terminaron siendo millonarios.

Si sumamos la fortuna de las cien personas más ricas del mundo, desde Jeff Bezos, Carlos Slim, Warren Buffett o Bill Gates, hasta Donald Newhouse, descubriremos que todos juntos llegan a reunir algunos 2.300.000.000.000 de dólares. ¿Te sorprende? ¡Sí es mucho dinero! Pero si dividimos toda esta inmensa montaña de billetes verdes entre los 7.530 millones de habitantes que hoy compartimos el planeta, nos sorprenderíamos más al enterarnos de que a cada uno nos corresponderían 300 dólares aproximadamente. ¿Puede esto cambiar tu vida? Es mucho menos de lo que anualmente perciben las 1.200 millones de personas que según la Organización de las Naciones Unidas (ONU) viven en la miseria con ingresos inferiores a dos dólares por día.

La pobreza más que un problema económico, es el resultado de una basta crisis educativa, psicológica y emocional, por esto sería muy interesante que los gobiernos invirtiesen considerables sumas de dinero en proyectos pedagógicos que persiguiesen transformar la estructura paradigmática de quienes son víctimas de este flagelo. Si ponemos dinero en las manos de una persona pobre, veremos como mantiene o empeora su crisis, ya que el problema está en la falta de educación financiera.

De todo lo citado por aquel político, hay algo en lo que sí estoy de acuerdo: al repartir el patrimonio de los ricos equitativa-

Mark Zuckerberg

mente entre los pobres, "todos viviríamos igual", ¡Como pobres! Con un presupuesto que nos permitiría disponer de un dólar diario para cubrir gastos de alimentación, vivienda, servicios, educación, recreación y salud; sumando a esto, la agravante de que las industrias y empresas de esas personas cerrarían en quiebra, produciendo desempleo en algunas cuatro millones de familias; los niveles de producción disminuirían en un 85%, incrementando salvajemente los precios, para finalmente descubrir que en menos de una década, el dinero regresó a las manos de quienes antes lo poseían. Los ricos volverían a ser ricos y los pobres seguirían siendo pobres.

Si buscamos culpables del desequilibrio económico existente, tendremos que señalar a los ricos como culpables de su riqueza, y a los pobres como culpables de su pobreza, ya que cada persona traza su destino, y mientras los ricos se abren puertas de abundancia, los pobres se autocondenan por su manera de pensar. Con cada pensamiento de imposibilidad proclaman un veredicto que les sentencia a celdas de penuria y necesidad.

Desde que Carlos Marx, padre ideológico de la igualdad social, promulgó sus doctrinas, cientos de líderes, políticos y gobernantes han intentado imponerlas como el sistema ideal para la vida y la convivencia. Y aun cuando comulgo con el planteamiento ecualitarista de Bernardo Kliksbert, principalmente con la idea de que todos somos iguales y en consecuencia deberíamos vivir igual, que también es uno de los postulados del marxismo, lo que no logro comprender por qué los políticos de izquierda, salvo algunos casos como Luiz Inácio Lula da Silva y Michelle Bachelet Jeira, escogen la restricción y la escasez como patrón de igualdad.

Si leemos la Biblia, y nos apegamos a la teoría creacionista, encontraremos que todos los hombres fuimos creados sin diferencias, de allí podríamos afirmar que Dios es igualitarista, pero teniendo como modelo ideal para la humanidad la LIBERTAD FINANCIERA, una vida sin jaulas, sin ataduras, con plenitud y bendición, un mundo donde el hombre pueda comer lo que le plazca y viajar a donde desee, siempre recibiendo justa medida por su trabajo, y multiplicación de bienes acorde a la sabiduría utilizada al administrar el dinero.

Muchas de estas doctrinas humanitaristas, al ser mal enseñadas han generado división y odio entre las clases sociales, afectando más a los pobres que a los ricos. Los corazones de quienes viven con limitación, por lo general están llenos de odio y resentimiento hacia los que abundan en bienes. Y si viven mirando a los millonarios como los culpables de sus desgracias ¿Cuándo podrán ser como ellos? No puedes llegar a hacer un homerum de Grandes Ligas si tu mente está llena de pensamientos de odio por el béisbol. La única manera que logres botar la bola de la pobreza y anotar en el campo de la prosperidad, es que sueñes con riqueza y aprendas de quienes lo han logrado antes que tú.

Si de algo podemos acusar a los ricos en todo este desequilibrio económico mundial, es de su indiferencia y egoísmo al ocultar los secretos con los que han logrado pasar de la pobreza a la riqueza. La mayoría no ha comprendido el principio bíblico: "Dios te bendice para que seas bendición".

Favorablemente, en la actualidad, hombres y mujeres como Robert y Kim Kiyosaki, están haciendo grandes esfuerzos para acabar con la pobreza. Conscientes de que las políticas implementadas por las Instituciones Gubernamentales han fracasado por basar sus estrategias en el uso de paliativos que brindan ayuda superflua, sin dar importancia al hecho de que la humanidad requiere de mayor formación y menos dádivas, están motivando a los millonarios del mundo para que inviertan parte de su riqueza en fundaciones e institutos que tengan por objeto educar financieramente a la humanidad y enseñar un camino que acabe con el flagelo de la miseria. Y ventajosamente cada día son más los millonarios que han entendido que la guerra contra la pobreza únicamente se podrá ganar en el campo de la educación.

No existen culpables en el problema económico que afecta tu

vida, solo hay responsables, y de ellos, tú ocupas el primer lugar en la lista. Todos los millonarios del mundo pueden unirse, y destinar parte de su fortuna para erradicar la pobreza, y este esfuerzo sería un desperdicio a menos que cada ser se levante con una actitud de vencedor dispuesto a cambiar su mundo.

Dónde está mi dinero

Al terminar un taller sobre libertad financiera, una participante se acercó y me dijo: "La riqueza es cuestión de suerte, yo no soy rica porque nunca he tenido dinero para serlo". Por una década había trabajado como educadora en un colegio, y en las tardes asistía a un abogado. Aun cuando tenía dos fuentes de ingreso, aseguraba nunca haber recibido dinero.

Muchas personas expresan a diario este tipo de quejas, aseguran no recibir suficiente dinero para emprender un proyecto que les permita elevar su calidad de vida, sin embargo, cada día gastan millones de centavos que se convierten en miles de dólares, en cosas sin importancia.

A un individuo que quiera saber dónde está su dinero, es decir, lo que asegura no haber recibido, le bastará con hacer una visita a su closet, para encontrar abrigos, zapatos, camisas y sombreros que un día compró para ser utilizados no más de dos veces por año, y así puede hacer un recorrido por toda la casa para atinarse con libros y revistas que nunca leyó, utensilios de cocina que no aportan beneficio, juguetes que los hijos usaron una vez y terminaron enterrados en el fondo de un baúl. Si calcula cuánto dinero hay en todo eso, encontrará el tesoro perdido. Por si esto es poco, también puede sumar lo que ha dilapidado en cigarrillos, cervezas, juegos, apuestas y loterías.

Jesús dijo: "Cuídense de las zorras pequeñas", un principio que fácilmente puede convertir a cualquier persona en millonaria: "Cuidarse de las pequeñas pérdidas".

Las personas suelen ir al divorcio por problemas pequeños que terminaron juntándose para convertirse en un monstruo incon-

Fraser Doherty

trolable, de igual manera, una empresa o proyecto se va a la quiebra por perder pequeñas cantidades que se suman a otras pequeñas cantidades. Por lo general cuidamos celosamente todo lo que represente riqueza, pero descuidamos aquello que realmente nos puede llevar a la abundancia, por ejemplo: si tienes mil dólares en casa, cuidarás de ponerlos en lugar seguro, no querrás perder ni un billete, incoherentemente, sales a la calle y cedes a la tentación de cambiarlos por artículos inútiles que terminan almacenados o en el cesto de la basura. Es necesario aprender a diferenciar entre necesidad y capricho. En estos tiempos, cuando el desarrollo tecnológico avanza de forma acelerada, hay muchas cosas que podemos querer ¿Pero realmente las necesitamos?

Vivimos en medio de una guerra consumista, cada minuto somos bombardeados por mensajes persuasivos que nos seducen a derrochar el dinero. El mundo está enloquecido gastando aun lo que no posee. Un estudio publicado en el 2010 alertaba que los estadounidenses habían contraído deudas que sobrepasaban los 800 mil millones de dólares por consumo en tarjetas de crédito. El desarrollo y la moda invitan a derrochar sin mesura, y cualquier persona que desee dejar de ser pobre debe aprender a ignorar tales sugestiones.

No podemos achacar culpas en los fabricantes y comerciantes, ellos producen y deben vender, es su negocio, y al igual que tú, también desean riqueza. Es tu responsabilidad actuar con sabiduría para disfrutar los beneficios de la tecnología y la moda, sin convertirte en un esclavo que trabaja para desviar todas tus ganancias a quien pretenda poseerlas. En el proceso de crecimiento económico se deben controlar los gastos y utilizar el dinero para las inversiones, es decir, comprar aquellas cosas que producen bienestar, salud, y más dinero.

La única forma de alcanzar riqueza, es cuidando suspicazmente todo lo que llega a nuestras manos. Un edificio se construye con pequeños bloques, piezas de arcilla que juntadas una sobre otra le permiten al hombre llegar a grandes alturas, de igual modo, toda fortuna por grande que sea comienza siendo pequeña. ¡Tú puedes convertir una "insignificante" cantidad de dinero en un GRAN TESORO!

Otra manera como tiramos deliberadamente la riqueza, es haciendo mal uso de nuestro tiempo. La mayoría de las personas no comprenden el significado del proverbio: "El tiempo es oro". Cada hora de vida tiene un valor y se paga en dinero. Por ejemplo: ¿Cuántas horas de vida dedicaste a la empresa donde trabajaste la semana pasada? ¿Qué recibiste a cambio? ¡DINERO! ¿En qué se convirtieron esas horas de vida? En DINERO.

Cada segundo que dedicamos para pensar o hacer algo debe ser bien valorado. Debemos tener conciencia que en esos momentos estamos haciendo una importante inversión económica, por lo tanto, no podemos permitir que se desperdicie en asuntos sin importancia.

Cuando dedicamos tiempo para pensar en lo difícil que puede ser el mañana o lo mal que pueden salir los negocios, estamos invirtiendo tiempo, es decir: dinero, para construir un futuro desastroso, es como comprar materiales y edificar una torre sobre un terreno movedizo. De igual modo, debemos considerar el tiempo que se desperdicia frente a un televisor, haciendo uso improductivo de Internet o explorando las redes sociales, ya que estas acciones fortalecen la posibilidad de seguir rodeados de limitación.

El éxito pertenece a seres sabios y disciplinados que dejan de buscar culpables, y se dedican a producir cambios que le lleven a las alturas.

La responsabilidad libra de culpa

La culpa es un término jurídico que se aplica a quienes actúan con voluntaria omisión sin calcular las consecuencias de sus hechos, y puede que muchos de los que han influido en tu vida hayan actuado negativamente y por esto tengan una cuota de "culpa" en tu actual manera de vivir, pero, ¿Cambiará algo si los señalas como culpables? Te aseguro que no, por el contrario, empeorarás las cosas al permitir que tu corazón se llene de resentimiento. Vivir señalando a otros por nuestra desgracia incrementa la crisis, y un ejemplo de ello podemos encontrarlo en el relato bíblico de la creación del hombre. Luego del acto de desobediencia conocido como el pecado original, el Creador habló a Adán para preguntarle qué había hecho, y este, de inmediato buscó culpables: señaló al mismo Dios como responsable de sus actos, su respuesta fue: "La mujer que tú me diste", en otras palabras, "Tú eres el culpable de toda esta tragedia por haberme dado una mujer que me incitara a desobedecer". Como acto seguido, la pregunta es dirigida a la mujer, quien terminó por culpar a un animal. En consecuencia, fueron desterrados de un mundo que prometía abundancia. Es muy probable que, de haber asumido la responsabilidad de sus actos, hubiesen sido premiados con el perdón sin perder el privilegio de vivir en medio de riqueza y prosperidad.

Las condiciones del universo siguen siendo las mismas para la humanidad. Dios desea que todos los seres humanos vivan rodeados de la abundancia que creó, pero es un privilegio que se concede a quienes reconocen haber cometido los errores que han dado como fruto: necesidad, deuda y pobreza.

En tus manos está el comenzar una nueva vida. No importa las circunstancias que te rodean, dónde vives o cómo te alimentas, todo esto podrá afectar e interferir en el camino a la libertad si tú lo permites.

A tu alrededor puede haber penuria y dolor, pero aún hay mucho camino por recorrer, la decisión es tuya.

NO LIMITES LA RIQUEZA.

¡Serás lo que decidas ser!

"Las personas son tan felices como deciden ser"
Abraham Lincoln

"Perezoso, ¿hasta cuándo has de dormir?
¿Cuándo te levantarás de tu sueño?
Un poco de sueño, un poco de dormitar,
y cruzar por un poco las manos para reposo,
así vendrá tu necesidad como caminante,
y tu pobreza como hombre de escudo"
Proverbios 6:9

UNA VEZ
LO INTENTÉ

Muy orgulloso de su labor, un pastor protestante me dijo: "Hacemos una reunión a mitad de semana porque ya para el miércoles la gente va con las baterías descargadas". Esto indicaba que el trabajo de este líder no estaba siendo altamente efectivo, las personas recibían sus mensajes al igual que se llena de combustible el tanque de un vehículo, recorrían unos kilómetros, perdían la energía y necesitaban regresar por más.

De manera equivocada, muchos creen ser buenos terapeutas, pastores, políticos u orientadores, porque la gente frecuentemente regresa a ellos para encontrar soluciones, profesionalmente están lejos de la excelencia y con el tiempo se convertirán en esclavos de sus funciones. Particularmente creo que un verdadero líder es aquel que enseña a sus discípulos a gozar de plena libertad, siendo su propia fuente de motivación.

Me gusta trabajar con la gente. Orientar, enseñar, guiar y exhortar, es algo que me da placer. Me lleno de gozo cada vez que escucho el testimonio de personas que han hallado un camino de bendición luego de una terapia o un taller. Amo mi trabajo, pero me molestan los individuos que quieren ser atendidos todas las semanas por una misma situación. Si alguien viene a mí, debe comenzar a generar cambios desde el momento que sale de mi oficina. ¡No quiero su dinero y mucho menos perder mi tiempo! Mis palabras son valiosas semillas y deseo que den como fruto la construcción de mejores ciudadanos: padres prominentes, esposos ejemplares, hijos sobresalientes y empresarios exitosos. Quiero caminar al lado de seres que reciben un mensaje y van al campo de batalla a destruir los problemas, y no cobardes llorones que toman la energía de los demás para sobrevivir algunas horas.

Comprendo a quienes pasan por momentos difíciles, siento compasión por ellos y cuando les atiendo me entrego totalmente. En muchas ocasiones he llorado y he reído junto a un paciente, me conmueve el dolor ajeno, pero no puedo tolerar que una persona siga lamentándose de tener hambre después de recibir una bolsa llena de alimentos. Estoy seguro de que Dios tampoco siente mucho agrado por quienes viven quejándose de su situación. Cuando Moisés era perseguido por Faraón, se postró a orar frente al mar, es decir, frente al obstáculo que le impedía avanzar y llegar a la meta. En medio de su clamor, cuenta el relato bíblico, que Dios le dijo: "Qué haces clamando a mí. Ve y divide el mar". ¡Me gusta en gran manera esta historia! Dios no exaltó su espiritualidad, sencillamente le dijo: "Deja la dependencia y ACTÚA". Muchos podrían predicar extensos discursos honrando la actitud de un hombre que en medio del estrés y la crisis buscó la ayuda divina, pero no fue lo que hizo Dios, Él sencillamente le dijo: "ACTÚA, has uso tu poder y soluciona el problema".

El historiador Thomas Carlyle dijo: "Nunca debe el hombre lamentarse de los tiempos en que vive, pues esto no le servirá de nada. En cambio, en su poder está siempre mejorarlos". La misma energía que se utiliza para renegar o sufrir una situación, puede ser utilizada para crear la solución, solo se requiere de voluntad y el deseo de vivir cada día mejor.

Cada quien escribe su final

Muchas personas se enferman de dependencia emocional y afectiva, necesitan ir cada semana al consultorio o la iglesia para escuchar palabras que les reconforte. Se apegan a la positiva manera de pensar de un guía o líder y con esto logran sobrevivir algunas horas, pero recaen de nuevo ya que su mente continúa invadida por paradigmas que impiden el desarrollo.

A mi oficina vino una paciente que había probado diversas técnicas y recursos para solventar una situación angustiosa. Me dijo: "Soy una mujer con mala suerte, por más que lucho y me esfuerzo, siempre termino igual…" Ella sencillamente terminaba como necesitaba terminar para poder tener razón a lo que creía ser.

¿Sabías que, al escribir una novela, por lo general el escritor tiene el final antes que el resto del libro? Cuando comencé a escribir "Ben Italia Mia", Mary me dijo: "Sé cómo comienza y termina tu relato, necesito saber cómo ocurre todo".

Llevo una década trabajando en ese proyecto, cada vez que me siento a escribir, voy creando escenarios, hechos y situaciones, la historia se ha construido en varios años, pero su final lo supe desde el día que escribí sus primeras líneas. De igual manera, aquella mujer tenía escrito un final para cada capítulo de su vida: "Soy una mujer con mala suerte", esa era su manera de pensar, y ¿Cómo se supone debe terminar la historia de una persona con mala suerte? ¡Siempre en desgracia!

Un individuo que considera y sentencia con sus palabras que todo le sale mal, necesita fracasar para tener razón, es lo que llamamos en Programación Neurolingüística "Metas Inconscientes". Un padre que dice a su hijo: "Te vas a caer de ese árbol", necesita que se caiga para poder tener razón, aun cuando conscientemente no quiere que se haga daño. Igual, si dices algo como: "Nunca saldré de esta crisis" necesitarás permanecer estancado para que exista coherencia entre los pensamientos y la realidad. Tener razón, aun cuando esto produzca resultados indeseados, genera sensación de triunfo, lo cual se convierte en una peligrosa trampa que condena a permanecer en crisis.

Conforme a tu manera de creer, las cosas ocurrirán. Personalmente no creo en la buena o mala suerte, me uno al pensamiento de Albert Einstein que dijo: "La suerte no existe, Dios no juega a los dados". Sencillamente cada quien se prepara para vivir en abundancia, lanza sus sueños de grandeza al universo y se dedica a trabajar en busca de riqueza; en el momento indicado recibe el fruto de sus buenas acciones. Ese tiempo de cosecha, es lo que los ingenuos y mediocres llaman: "buena suerte".

Por lo general, los pobres codician la "suerte" de los millonarios,

Carlos y Mary Méndez

pero no quieren imitar la forma como la construyeron. No logran comprender que su momento de gloria es el resultado de sabias acciones ejecutadas en el pasado.

El éxito no es el resultado del esfuerzo, es el fruto de una correcta actitud que incluye pensamientos y acciones. Un individuo puede pasar toda su vida trabajando, leyendo libros de motivación y libertad financiera o entregándose en los brazos del azar, y siempre terminará igual, a menos que responsablemente tome un lápiz y escriba un nuevo final para la historia de su vida.

Aquella paciente se mostraba desmotivada porque en varias ocasiones había emprendido proyectos que tenían un final infeliz. Se consideraba una fracasada. A pesar de no haber cumplido los treinta años, se sentía derrotada, sin fuerzas para seguir "batallando". Le expliqué que el éxito se consigue con entrega, disciplina y determinación, pero teniendo como base una sólida estructura de pensamientos de posibilidad.

Otro rico en el cielo

La primera persona en viajar como turista al espacio fue Dennis Anthony Tito, un sexagenario que había intentado estar cerca de las estrellas varias veces, pero siempre con resultados indeseados.

Tito nació en los suburbios de Queen, en un hogar de iletrados inmigrantes italianos, y desde 1957, cuando vio el lanzamiento del Spurtnik I, primer satélite artificial enviado al espacio, soñó con viajar fuera del planeta. Con gran sacrificio se licenció en Ciencias de la Astronomía y Aeronáutica en la Universidad de New York y logró formar parte del personal de la NASA (National Aeronautics and Space Administration), sin embargo, a pesar de estar en el lugar indicado para hacer realidad su sueño, se le consideró no apto para una expedición espacial, por lo cual renunció y se dedicó al mundo de las finanzas. Comenzó a trabajar en Wall Street y creó su propia firma: Wilshire Associates, una empresa de servicios tecnológicos, consultoría y ges-

Dennis Anthony Tito

tión de inversiones, que en 2010 manejaba una poderosa cartera de 12,5 billones de dólares por año. Ya convertido en multimillonario, con la capacidad de cancelar los 20 millones de dólares exigidos por el gobierno soviético para llevar civiles al espacio, se unió al "Programa de Invitados" con la intensión de hacer realidad el sueño que le había acompañado por 33 años. El proyecto se vino abajo con la caída de Mijail Gorbachov y la desmembración de la Unión Soviética, acontecimientos que le llevaron a probar una vez más el desagradable sabor de un amargo final. Firme en su meta, una década más tarde negoció con la empresa holandesa MirCorp, que intentó infructuosamente comercializar el turismo espacial, al no poder viajar sumó una nueva desilusión. Cualquiera habría renunciado a tal pretensión, pero Dennis Tito perseveró, por eso el 28 de abril de 2001 se embarcó en la nave rusa Soyuz TM-32 para despegar desde el cosmódromo de Baikonur y pasar ocho días haciendo realidad el sueño de su vida: Estar cerca de las estrellas. Al regresar, sonriente dijo: "Vengo del paraíso".

Tito fracasó tres veces antes de llegar al espacio, Heinrich Schliemann perdió parte de su fortuna al financiar tres fallidas exploraciones que le permitiesen encontrar las ruinas de Troya, Mark Zuckerberg casi fue expulsado de la Universidad de Harvard por crear un programa social similar a Facebook, y tal vez Faser Doherty dejó quemar algunas vasijas al intentar imitar la receta de su abuela, pero ninguno se rindió, y hoy son modelo de excelencia.

Todos los millonarios cayeron alguna vez en su ascenso a la abundancia, y eso es lo que hace grande sus biografías: la determinación con la que han enfrentado la adversidad. Sus historias nos enseñan que el fracaso es el condimento que da sabor al éxito y que siempre vale la pena intentarlo una vez más.

Al igual que mi paciente, tú puedes haber tropezado buscando la estabilidad financiera, pero del mismo modo que lo hizo Dennis Anthony Tito, debes volverlo a intentar, creyendo que sí lo puedes lograr. Recuerda que solo los peces muertos nadan con la corriente, los triunfadores siempre enfrentan la calamidad y terminan en el cielo.

Nada es imposible

En medio de la crisis financiera que enfrentó mi primera empresa, una mañana llegó la notificación de un tribunal advirtiendo que, debido al retraso en los pagos, ejecutarían un embargo en contra de mis fiadores. Sentí gran angustia al saber que ellos podrían perder su vivienda. De inmediato solicité una entrevista con el presidente del banco, quien luego de analizar la gravedad del caso, aceptó recibirme. Al llegar al lugar de reunión, la secretaría me explicó que debía aguardar ya que esta cita no estaba en agenda.

Durante la espera dediqué algunos minutos para meditar en la situación, mientras lo hacía, observaba un jardín selvático ubicado frente a la recepción, en medio de todas las plantas había una palmera gigante. Observándola, recordé las palabras de Jesús: "Lo que para los hombres es imposible, es posible para Dios" y me dije: "Para un hombre es imposible hacer una palmera, para Dios no. ¡Es más fácil hacer dinero que hacer árboles!".

Cuando la secretaria me invitó a entrar a la oficina, me levanté y pensé: "Esto será más sencillo que hacer una palmera". ¡Y así fue! ¡Logré mucho más de lo que necesitaba! Con ese cambio de actitud de último minuto, conseguí una prorroga de doce meses y concreté un contrato millonario que me permitió cancelar toda la deuda y crear una nueva empresa.

Las circunstancias que te rodean pueden indicar que es imposible cambiar el rumbo de tu vida, lo cual fácilmente puede llenarte de incredulidad incitándote a permanecer en la posición que te encuentras. Si abres tu oído a este tipo de pensamientos, permanecerás en el mismo estado de limitación y pobreza que te ha atormentado hasta este día, pero si crees que es posible llegar al cielo, nada ni nadie podrá detenerte.

Nada es imposible para el que cree en lo posible.

El científico e inventor Lee de Forest en 1967 afirmó que sin importar cuántos avances se diesen en el futuro, el hombre nunca llegaría a la luna. La humanidad sencillamente consideraba que tal hazaña sería siempre una utopía, sin embargo, el 20 de julio de 1969, a dos años de tal sentencia, Neil Armstrong daba los primeros pasos sobre suelo lunar, demostrando que el ser humano no tiene límites cuando con determinación se propone conseguir una meta.

¡Lo imposible se hizo posible!

Cuando el astronauta dejaba la luna y regresaba a la nave, en NASA le escucharon decir: "Buena suerte señor Gorsky". Todos fueron sorprendidos por aquella frase, ¿Qué extraña criatura habría conocido? Estando en tierra evadió las preguntas de los periodistas que querían saber quién o qué cosa era Gorsky.

Veintiséis años después, un reportero insistió con la pregunta. Armstrong sonrió y dijo: "El señor Gorsky ha muerto, por eso puedo contarles lo que ocurrió". La atención de todos se elevó acompañada de un gran silencio. Entonces él continuó: "Cuando era niño, estaba jugando béisbol con un amigo en el patio trasero de mi casa. Este golpeó la pelota con fuerza y la hizo aterrizar junto a la ventana del dormitorio de los vecinos, el señor y la señora Gorsky. Cuando me incliné a recoger la bola, escuché a la señora decir: -¿Sexo oral? ¡Lo tendrás cuando el hijo del vecino pasee en la luna!"

Años más tarde lo imposible se hizo posible, no sabremos si para el señor Gorsky, pero sí para aquel pequeño que desde muy temprana edad soñaba con volar.

En el pasado todos creían que era imposible llegar a la luna, volar de una ciudad a otra, comunicarse a kilómetros de distancia por medio de un aparato, y hoy, todas estas cosas son comunes y creíbles. Cada vez que el hombre ha determinado vencer, el triunfo le ha acompañado, por esto nunca debemos permitir que apaguen nuestros sueños, por imposibles que parezcan siempre podremos lograrlo.

Michael Dell

Toma tu sueño y no descanses hasta que se materialice. Indiferentemente de que algunas voces puedan decir que es un proyecto absurdo y tonto, pero si puedes creer que es POSIBLE, se hará realidad. No importa cuántas veces debas intentarlo, el resultado te demostrará que bien valió la pena haber perseverado.

En la película "El Terminal", Tom Hanks interpreta a Viktor Navorski, un hombre que viaja desde Krakozhia, un país ficticio creado para la historia, con el fin de cumplir una promesa a su padre. Al llegar a los Estados Unidos, se le impide salir del Aeropuerto Internacional JFK por problemas migratorios. Es muy interesante ver como Navorski, atrapado durante varios meses sin poder salir del terminal, persevera para vencer todos los obstáculos que se interponen en el logro de su meta. Esto se llama DETERMINACIÓN.

Si queremos éxito, necesitamos establecer la materialización de nuestros sueños y no descansar hasta lograrlo. No importa que tan imposibles puedan parecer, con denuedo TODO ES POSIBLE.

Muchas veces decidimos llegar a la cima de una montaña y al primer tropiezo desfallecemos, perdemos la fuerza y decimos: es imposible.

¿Quién dijo que ganar una batalla es cosa de juego? Cuando David se paró frente a Goliat, lo hizo consciente de que al menor error: moriría, el gigante no estaba jugando. De igual, manera la pobreza, las deudas, la escasez y la enfermedad vienen con la firme intensión de destruirte. El resultado dependerá de ti. Puedes escoger entre dejarte devastar o derrotarle.

Miles de triunfadores han alcanzado la gloria tras haber ignorado críticas, rechazo, desánimo, burlas y comentarios ofensivos.

En 1962 la Compañía Disquera Decca rechazó a un cuarteto musical por considerar que estaban "pasados de moda". Aquellos cuatro jóvenes ingleses no se rindieron, perseveraron con valor y se convirtieron en la agrupación que más discos ha ven-

Ashley Qualls

dido desde que se creó la industria fonográfica. Según el Libro de Récords Guinness, los Beatles vendieron más de 1.100 millones de copias.

Cuando Gabriel García Márquez presentó su primera obra literaria: "La Hojarasca", fue rechazado durante siete años, los editores consideraban que no tenía futuro como escritor. Sin prestar atención a tales comentarios, el "Gabo" continuó contando historias y en 1982 se hizo merecedor del Premio Nobel de Literatura.

Michael Dell inició su fábrica de computadoras en la estrechez de su dormitorio. Con mil dólares en la cuenta bancaria, era imposible soñar con una empresa que pudiese competir con los grandes fabricantes de ordenadores. Veinticuatro años más tarde Dell Inc era la segunda fábrica de equipos de computación más grande del mundo, y Michael era el cuarto hombre más rico de los Estados Unidos con una fortuna superior a los 12.500 millones de dólares.

Ashley Qualls, siendo una adolescente de catorce años, comenzó su empresa con ocho dólares que le prestó su madre. Aun cuando su proyecto fue considerado ingenuo por carecer de experiencia empresarial, paso a ser un ejemplo digno de ser imitado por la juventud. Creó una WebSite para vender videos musicales y en poco tiempo facturaba miles de dólares, convirtiéndose en una de las ejecutivas millonarias de más corta edad en los Estados Unidos.

Jesús dijo: "Al que cree todo le es posible" ¡CREE Y PODRÁS HACER REALIDAD TUS SUEÑOS! Podrás abandonar la vida de escasez para gozar de plenitud. Si cambias tus pensamientos, podrás tener el estilo de vida que desees. Dios apoyará tus sueños. Él desea lo mejor para toda tu familia, abre tu mente a los PENSAMIENTOS DE POSIBILIDAD y entrarás en la dimensión de la grandeza.

"El genio se compone de dos por ciento talento y noventa
y ocho por ciento perseverante aplicación"
Ludwig van Beethoven

"Para que pueda surgir lo posible. Es preciso intentar
una y otra vez lo imposible"
Hermann Hesse

"El hombre es absurdo por lo que busca
y grande por lo que encuentra"
Paúl Valéry

SERES
INMORTALES

Cuando Johan Santana llegó a la escuela de béisbol menor, desconocía por completo las pericias del deporte. No era más que un pequeño de nueve años que en los ratos libres debía ayudar a sus padres en una modesta panadería. Carecía de experiencia como pelotero, pero tenía el espíritu de un gladiador, actitud que diecinueve años más tarde le convirtió en el lanzador mejor pagado en los cien años del béisbol profesional, al firmar un contrato por 137,5 millones de dólares.

Aquel niño procedente de Tovar, un apartado pueblo de Venezuela, donde las familias por tradición se dedican a producir pan y sembrar hortalizas, se convirtió en orgullo de su país al ser galardonado dos veces con el Cy Young, premio que se otorga cada año al mejor pitcher de la temporada.

Como esta, son muchas las historias de hombres y mujeres que con un espíritu motivado han escalado la montaña del éxito, demostrando que las únicas barreras que pueden limitar al ser humano, son las que se impone a sí mismo con su manera de pensar.

Asier Giménez Redondo, entrenador de fútbol, haciendo referencia a las glorias deportivas, asegura que un campeón debe tener varias cualidades, pero las más importantes son la aptitud, es decir, la técnica y capacidad que se adquiere con la práctica, y la actitud, una virtud que está estrechamente ligada a la motivación, y hace que un atleta salga al campo con ganas de triunfar. De igual manera, el mundo de las finanzas demanda motivación de quienes anhelan riqueza, de lo contrario, el desánimo opacará al conocimiento y la pobreza terminará por obtener la victoria.

Poder para triunfar

En 1986 se exhibió "Highlander" en los principales cines del

Johan Santana

mundo, película que dio origen a una de las más atractivas y exitosas series de televisión, conocida en los países de habla hispana como "Los Inmortales". En ella, Adrián Paul personificaba a Duncan MacLeod, un ser que gozaba del don de la inmortalidad, ya que poseía "Quickening", un codiciado poder que le permitía prosperar, mantenerse joven y sanarse sin medicamentos. La única manera como podía perder tal condición, era si alguno de sus enemigos lograba decapitarle.

El misticismo de la serie me cautivaba, dejaba volar mi imaginación y me veía como un MacLeod capaz de triunfar en todo, solucionando los problemas de la gente de un modo sencillo. Pero siempre terminaba desilusionado al recordar que era fantasía, pensaba con la "coherencia" del ser humano común, y me convencía de que un poder capaz de convertir la crisis en bendición era una especie de quimera. Años más tarde descubrí que tenía mi propio Quickening, comprendí que sí era posible moverme en el mundo de lo sobrenatural, ¡Podía tomar cualquier situación de conflicto y convertirla en prosperidad, vitalidad y salud! Lo único que debía hacer era utilizar los pensamientos para MOVER mi vida a la GRANDEZA.

"Quickening" es la conjugación de un verbo inglés que traduce como mover, acelerar, activar, accionar, encender, actuar con rapidez, en este sentido, podríamos decir que el poder de Mac Leod era MOTIVACIÓN, la energía que nos pone en movimiento hacia determinadas acciones y nos anima a persistir en ellas hasta su culminación.

El éxito de cualquier proyecto dependerá de lo muy animados que se encuentren sus participantes, de igual modo, cualquier ser humano querrá vivir, prosperar, triunfar y alcanzar la cumbre si se encuentra motivado.

La motivación está estrechamente ligada a la manera como pensamos, por esto debemos tener presente que cada pensamiento que encuentre lugar en nuestro cerebro jugará un papel muy importante en el logro de la libertad financiera. Los pensamientos tienen poder para animar o desanimar a cualquier individuo, así que debes cuidar tu cabeza, ya que, si alguien logra sembrar pensamientos de crisis, miseria, imposibilidad y destrucción, la hará rodar por las calles de la consternación, anulando tu Quickening.

La manera como piensa una persona, es lo que le hace diferente de las demás, por esta razón, hay quienes tienen un nivel de vida mediocre, mientras otros, nacidos en iguales o peores condiciones logran escalar a la excelencia.

Aprender a pensar es una necesidad en todos los seres humanos. Aun cuando muchos consideran ser grandes pensadores por el intenso trabajo que realiza su cerebro tratando de dirigir el tráfico de una congestionada autopista donde millones de pensamientos se desplazan de forma anárquica, se encuentran lejos de utilizar correctamente el poder del pensamiento. Existe una importante diferencia entre pensar y tener pensamientos. A diario miles de imágenes, recuerdos, fantasías y palabras, circulan de forma autónoma por las diferentes regiones de nuestro cerebro, generando incontrolables estados emocionales, son como las olas del mar, vienen y van, generando completa inestabilidad.

Pensar, es tomar control de los pensamientos y orientarlos en la búsqueda de salud, paz, riqueza, armonía, progreso y abundancia.

Uno de los principales secretos para lograr riqueza, es aprender a PENSAR de forma consciente. Una persona que dedica tiempo para examinar, ordenar y administrar los mensajes que viajan por su mente, genera el poder necesario para producir aquellos escenarios de plenitud que suelen ser llamados milagros, casualidad o suerte.

Jesús enseñando a sus discípulos dijo: "Si tienes un poco de fe, podrás decir a una montaña -¡Quítate de aquí y échate al mar!- y te obedecerá". Obviamente no estaba diciendo que somos una especie de máquina retroexcavadora que remueve montes para crear espacios, su metáfora se sobreponía al plano material, al hablar de fe se refería a la actitud que debe asumir quien desea destruir las barreras que se interponen en su camino a la felicidad. Los pensamientos de imposibilidad hacen que cualquier persona pierda el ánimo y termine rendida al pie de la montaña.

La pobreza debe ser vista como un poderoso enemigo que busca destruir moral, social y emocionalmente a la humanidad. El campo donde se pelean las más fuertes batallas contra este adversario, es nuestra mente, por esto, no se puede permitir que conquiste terreno dando lugar a pensamientos de pesimismo, temor o duda. Si los pensamientos correctos logran tomar el control, vivirás motivado, y una persona con motivación o Quickening es indetenible.

Tu sueño podrá parecer irreal, pero si utilizas tu Quickening encontrarás quien te apoye, pues la motivación es un estado emocional que se contagia, genera vida y atrae abundancia.

Se busca lo que se necesita

El filósofo romano Lucio Anneo Séneca afirmó: "Enseñamos a nuestra mente a desear lo que la situación requiere", por esto, debemos aprender a enfocar las necesidades. No podemos desear cosas de manera ambigua, quien dice "Necesito una casa para vivir", está manifestando una necesidad primaria llamada refugio, y efectivamente podrá conseguirla, pero la vivienda que reciba bien podría ser rentada, estar deteriorada o ubicada junto a los rieles de un ferrocarril. Recuerda que cuando no precisamos lo que queremos, debemos conformarnos con cualquier cosa que recibamos.

¿Conoces a alguna persona que manifieste desagrado por el vehículo que conduce? ¿Le has escuchado decir este no es el auto que anhelaba, pero debo conformarme?. Yo he escuchado a cientos de seres quejándose y trato de hacerles entender que son los únicos responsables, pues nunca especificaron lo que deseaban en respuesta a su necesidad, por esto debieron conformarse con lo que llegó a sus vidas.

Es importante que comiences a evaluar cuáles son tus necesi-

Adrian Paul

dades fisiológicas: alimento, vivienda, calzado, vestido, sanidad ambiental, pero no es suficiente con hacer una lista simple, se debe precisar la calidad de lo deseado. ¿Qué tipo de alimento deseas tener en tu refrigerador para quedar satisfecho cuando sientas hambre? Pues no es lo mismo comer que alimentarse. El cuerpo requiere de una equilibrada dieta que incluya carnes, frutas, vegetales, cereales y lácteos. De igual modo, debes detallar el tipo de ropa que necesitas para tener abrigo y lucir bien, o la casa que te proporcionará refugio. ¿En qué lugar de la ciudad debe estar? ¿Por qué? ¿En qué ambiente anhelas crezcan tus hijos? ¿Para qué? ¿Con qué tipo de vecinos te quieres relacionar? Luego, imaginando que ya posees todo lo enunciado en respuesta a tus necesidades básicas, debes describir cuáles son tus insuficiencias en torno a la seguridad. ¿Qué acciones debes tomar para proteger lo conseguido? ¿Cuál es tu plan para mantener la estabilidad lograda? Y así avanzar de forma ordenada hasta llegar al nivel de la plenitud o autorrealización.

Si deseas vivir con todas tus necesidades cubiertas, identifícalas y diseña respuestas con mentalidad de grandeza. ¡Activa tu Quickening! ¡Atrévete a pensar diferente! Si piensas igual que los seres que te rodean permanecerás inmóvil sin producir cambios. Walter Junior dijo: "Cuando todos piensan de la misma manera, es porque nadie piensa gran cosa".

¡Somos seres excepcionales! Tenemos poder para transformar nuestra manera de vivir, tan solo debemos hacer uso del Quickening, generar PENSAMIENTOS que produzcan la MOTIVACIÓN necesaria para avanzar y convertir cualquier situación de crisis en bendición.

No te sientes a esperar

Gracias a los paradigmas inculcados por países altamente consumistas, a las personas les resulta difícil reconocer públicamente la presencia de necesidades. Se nos ha enseñado a menospreciar a quien reconoce un defecto o manifiesta escasez, y exaltar a los que aparentan estar provistos de todo.

La necesidad de socializar, compartir y tener amigos, en medio de una sociedad que ve con desprecio a quien expresa alguna carencia, hace que las personas se muestren autosuficientes y adopten falsas personalidades.

Bien cierto es que debemos tener dignidad y evitar despertar cualquier sentimiento de lástima en los seres que nos rodean, pero se debe reconocer un vacío, para poder encontrar con que llenarlo.

Sarah Breedlove Walter supo manejar positiva y correctamente sus necesidades. En medio del más fuerte rechazo, con toda una cultura en contra, se convirtió en la primera mujer afroamericana millonaria de los Estados Unidos. Su fortuna comenzó cuando buscaba respuesta a una necesidad.

Luego de que Abraham Lincoln proclamase la ley que prohibía la esclavitud en Norte América (1862), los padres de Sarah fueron emancipados, así, ella se convirtió en uno de los primeros hijos de esclavos nacidos en libertad, condición que no garantizó gran diferencia, ya que Luoisiana, su tierra natal, hasta el presente es conocida como una región altamente racista, ejemplo de ello fue el escándalo judicial que en 2007 motivó una marcha donde participaron algunas 50.000 personas para protestar la decisión de un tribunal que condenó a un joven negro, a veintidós años de cárcel por defenderse del ataque que propinaran en su contra por haberse sentado bajo un "árbol para personas blancas". Así que, para Sarah, las cosas debieron ser mucho peor, los esclavos no eran puestos en libertad por voluntad de sus amos, estos estaban obligados a obedecer la ley proclamada por el presidente, por lo cual, los negros eran víctimas de mayores desprecios.

La esclavitud y el racismo no fueron los únicos factores que atentaron contra la felicidad de Sarah Breedlove, apenas tenía siete años cuando quedó huérfana, el abandono y el hambre le condujeron a contraer matrimonio siendo una adolescente de catorce años, pero dos años más tarde, su esposo murió dejándole una pequeña bebé. Las dificultades económicas le llevaron a San Louis donde encontró trabajo como lavandera y más tarde como ayudante de cocina. Sufrió una afección en el cuero cabelludo por lo cual comenzó a quedar calva. Fue entonces cuando, buscando solución a esta necesidad, se apropió de antiguos consejos africanos, preparó una infusión con plantas medicinales, y obtuvo tan grandes resultados que creó "Madame CJ Walker Manufacturing Company", empresa que la convirtió en millonaria e inspiró el nacimiento de una nueva tendencia en el mundo del marketing.

Aprovechando que el mercado era controlado por personas blancas que ignoraban las necesidades de las negras, quienes también querían exaltar sus atributos y belleza, Sarah comenzó a vender casa a casa su mezcla en pequeños frascos de vidrio que llevaban un rótulo con su nombre y fotografía. Fue ideando nuevas fórmulas especiales para afrodescendientes, hasta producir diecisiete productos que fueron comercializados en América y Europa. En vista de la demanda, fundó una escuela de motivación y en poco tiempo más de 3.000 personas movidas por sus palabras, comenzaban a utilizar su Quickening para generar recursos y lograr la libertad financiera.

Esta mujer venció el analfabetismo, la pobreza y la discriminación, se convirtió en un ser con poder, y no solo transformó su vida, sino la de toda su raza. En medio de una sociedad que le negaba el derecho a triunfar se hizo triunfadora, ejemplo para miles de empresarios en el mundo. Una de las frases con la que se le recuerda es "No te sientes a esperar que lleguen las oportunidades, levántate a buscarlas". Sarah no perdió tiempo tratando de utilizar su habilidad y energía para vengarse por los abusos cometidos durante 400 años en contra de los 45 millones de africanos que fueron víctimas de maltrato, tortura, desprecio y humillación. Su motivación no estaba infundada en el odio, por el contrario, lo que la movió a ser diferente fue el deseo de exaltar la belleza.

Si esta mujer se hubiese sentado a "tener pensamientos" basa-

Sarah Breedlove Walker

dos en las experiencias vividas, habría muerto sin gloria alguna, ya que, como lo dice Camilo Cruz: "El mucho análisis da parálisis". Walker no dejó ahogar su espíritu en lágrimas de tormento, se levantó en busca de una oportunidad de triunfo, y la consiguió.

A todos nos es dada la oportunidad de hacer uso del Quickening para transformar el mundo, cada quien decide si lo utiliza o sigue viviendo como un simple mortal.

¡Tú puedes ser un McLeod! Si decides aprovechar ese poder, llegarás muy alto. Recuerda, la única manera como podrán destruir tu vida y condenarte a la pobreza, las deudas y la enfermedad, es que hagan rodar tu cabeza entre pensamientos mediocres que logren desmotivarte.

Los pensamientos generan un magnetismo que atrae vida o muerte. Tienes plena libertad para elegir en que pensar. Puedes negarte a pensar en aquellas cosas que atraen problemas, peleas, crisis, pobreza o muerte, y optar por pensar en abundancia, riqueza y bendición. Moisés, exhortando a los israelitas, dijo: "A los cielos y a la tierra llamo por testigos hoy contra todos ustedes, que los he puesto delante de la vida y la muerte, la bendición y la maldición; escojan, pues, la vida para que vivan y para que la den a su descendencia" (Deuteronomio 30:19).

Eres el único responsable de lo que será tu vida a partir de este momento. Dios no interfiere en tu destino, si escoges pensar de forma miserable, Él te respetará; pero si determinas hacerlo positivamente, te apoyará para que disfrutes en abundancia, y hará que esta se derrame sobre tus hijos. Vivirás motivado y serás fuente de motivación.

Vale la pena tomar el control de cada pensamiento, de ellos depende el futuro. Todas las cosas que te rodean, son fruto de tus pensamientos en el pasado. Como digo en mi libro "Recibe tu Milagro", eres un imán que atrae diferentes tipos de metal, estos pueden ser piezas oxidadas que te llenen de ruina y muerte, o por el contrario coltán, oro, plata y bronce, lo cual te permitirá abundar en riqueza.

¿Crees en el cambio? ¿Realmente lo deseas? Comienza a alimentar tus sueños, habla de las proezas que harás, aun cuando parezcan locura. ¡Muévete! ¡Usa tu Quickening!

Tienes la capacidad de convertirte en un inmortal. Tienes el potencial para transformar el mundo.

Muchos intentarán limitar tu poder, si lo permites terminarán decapitándote y condenándote a vivir al nivel de la mediocridad. Pero si decides ser diferente, serás un pionero de la abundancia en tu familia y tu comunidad. ¡Serás una inspiración!

¿Qué impide que tu fotografía esté en la portada de un futuro libro sobre riqueza y libertad financiera?

Si puedes creer TODO ES POSIBLE.

¿Para qué trabajas?

Gracias a mi profesión he conocido personas de diversas culturas, a pesar de ser tan diferentes, en lo que se refiere al trabajo y el dinero podría clasificarlas en dos grupos: los que trabajan para no ser pobres y los que trabajan para ser ricos. En realidad, el segundo grupo es tan pequeño, que me sería fácil enumerarlos.

La mayoría dedican su energía a trabajos desagradables y forzosos por temor a la pobreza. ¡Viven asustadas ante la sombra de la miseria! El miedo a vivir en crisis se enseñorea de ellos de tal modo, que termina gobernando sus sueños y proyectos. Todo lo que hacen es planificado pensando en la posible ausencia de dinero. Las vacaciones, la compra de víveres, los momentos de recreación, absolutamente todo se restringe por temor a padecer en el futuro.

La historia deja ver con claridad que la principal estrategia implementada por los terroristas y dictadores en el mundo, es el miedo. Su filosofía es: "Si haces que un hombre sienta temor, lograrás que te obedezca". Un paradigma que a pesar de ser inhumano está muy apegado a la realidad, pues efectivamente, si consigues atemorizar a alguien, cauterizarás sus pensamientos y coartarás su sensación de libertad, entonces, podrás subyugarle. De este modo actúan las deudas y la pobreza, se levantan como ruidosos gigantes para infundir miedo y lograr gobernar a la humanidad.

Millones de personas en el mundo viven llenas de este temor, piensan más en no ser pobres, que, en ser ricos, en consecuencia, cada vez atraen más crisis y necesidad.

Una persona que se rinde ante temores económicos desconocidos, aun teniendo fortuna seguirá viviendo como pobre. Podrá hacerse de algunos lujos, pero el miedo a perder lo conseguido se impondrá, por lo cual, seguirá siendo un esclavo de las finanzas.

La única manera de vencer al monstruo de la pobreza, es utilizando el Quickening: crear pensamientos de posibilidad, sin dar lugar a temores por hechos que podrían acontecer en el futuro, un tiempo aun inexistente.

Enfocados en la riqueza

Si las circunstancias y lo incierto del futuro hubiesen atemorizado a Joanne Kathleen Rowling cuando trabajaba en su primer libro, probablemente no habría escrito más que un par de capítulos, dejando pasar la oportunidad de elevarse como la escritora más emblemática del Siglo XX.

Luego de varios tropiezos, entre ellos un divorcio, J. K. Rowling terminó desempleada viviendo en casa de una hermana en Edimburgo, dependiendo de una pensión de asistencia social. En este entorno, aprovechaba los momentos que su pequeña hija se quedaba dormida para, en medio de los padecimientos de una depresión clínica, sentarse a escribir Harry Potter, una de las obras que más ha impactado al mundo de la literatura y el cine.

Al terminar su primer cuento infantil, envió el manuscrito a doce editoriales, recibiendo un absoluto rechazo. Tras la insistencia, una pequeña empresa aceptó publicar 1.000 ejemplares a cambio de 2.500 dólares. Sin embargo, le recomendaron

J. K. Rowling

dedicarse a otro oficio, ya que no le presagiaban buen futuro como escritora.

Aquellos primeros libros fueron obsequiados en su gran mayoría a bibliotecas públicas, pues se consideró que no tendrían venta. Irónicamente, algunos ejemplares de este tiraje se han llegado a subastar por más de 118.000 euros.

Las historias de Rowling recibieron tal aceptación, que la convirtieron en la escritora más leída y rica del mundo. En el 2007 la revista Time la seleccionó como "Personaje del Año" por el impacto que generó al despertar en los jóvenes un gran interés por la lectura, en una época en que prefieren la televisión y los juegos por Internet.

Los libros de J. K. Rowling han roto todos los récords de ventas de la historia, solo "Harry Potter y las reliquias de la muerte" vendió 15 millones de copias el día de su lanzamiento, y un total superior a los 44 millones de ejemplares.

Rowling creyó en sí misma, utilizó su talento y cambió su historia. ¡CREYÓ y ACTUÓ! Como resultado, se convirtió en una escritora milmillonaria con una fortuna personal que le permite apoyar anualmente a importantes instituciones de investigación médica, y organizaciones dedicadas a combatir la pobreza.

Definitivamente nada puede detener a un emprendedor, el poder que tiene la humanidad es muy grande. Más grande que cualquier problema. Más grande que cualquier necesidad. Más grande que cualquier deuda. ¡MÁS GRANDE QUE CUALQUIER GIGANTE!

En ti está el poder. Utiliza tu talento para hacer riqueza y no des tanta importancia a lo que posees o careces. Muchas personas que hoy tienen millones vivieron como tú y tal vez peor. Si ellos lo lograron NADA PODRÁ DETENERTE.

Desde ahora ocúpate en ser MILLONARIO, no trabajes por temor a la escasez, acciona tu potencial pensando en la gran fortuna que vendrá, y prepárate a recibirla.

"La creencia en la inmortalidad se halla impresa en todos los hombres y todos ellos obran bajo su influencia, digan lo que digan y aunque apenas puedan tener conciencia de ello."
Samuel Johnson

"Si siempre has tenido dinero quizás para ti no importa, pero cuando faltan dos peniques para comprar un pan y que tu hija tiene hambre, el dinero importa. Y cuando piensas en robar pañales en una tienda, el dinero importa"
J.K.Rowling

"El secreto de la felicidad es tener gustos sencillos y una mente compleja, el problema es que a menudo la mente es sencilla y los gustos son complejos"
Fernando Savater

"Me interesa el futuro, porque en él voy a pasar el resto de mi vida"
Charles F. Kettering

"Para llevar a cabo grandes empresas hay que vivir convencidos, no de que somos veteranos, sino inmortales"
Henry Kaiser

BUENAS ACCIONES Y BUENAS COMPAÑÍAS

Una noticia que consternó a la población de Tampico, México, fue la muerte del médico Quiroz Franco, quien contrató los servicios de un sicario para hacerse matar y así dejar como herencia un seguro de vida por 70 mil dólares, dinero que permitiría a su esposa cubrir múltiples deudas con American Express, Banamex y Nacional Financiera. La crisis económica le llevó a un estado de confusión emocional de tal magnitud, que consideró el acabar con su vida, fingiendo un atentado, como una sabia salida.

Lamentablemente, muchas personas ante una situación de angustia hacen uso del pensamiento creativo de forma egoísta, restando importancia al daño que generan en la sociedad. Utilizan el talento para diseñar y programar acciones que generan crisis, dolor y muerte, obteniendo efímeros resultados que generan mayores conflictos y exigen nuevas infracciones. La incorrecta manera de pensar de un transgresor, le impide hallar sólidas y perdurables respuestas, lo cual podría lograr haciendo uso de la misma energía y capacidad mental que utiliza para delinquir.

Principios, valores y riqueza

¿Imaginas cómo sería el mundo si la perspicacia e imaginación de aquellos criminales que han violado sofisticados sistemas de seguridad para robar un banco, traficar drogas, dinamitar un edificio, o crear poderosas armas de guerra, fuese puesta al servicio de la humanidad? ¡Sería extraordinario! La mayoría de los males que afligen al hombre desaparecerían, y ellos gozarían de aprecio, elogio, aceptación y fortuna.

Bill Gates es un genio de la computación que pudo utilizar su talento para generar desgracia, Sarah Breedlove Walker pudo aprovechar su agudeza para crear un mortal veneno, esgrimirlo contra la raza blanca y así vengar a sus antepasados. Por el contrario, manejaron su Quickening para contribuir con el progreso, eso les permitió convertirse en millonarios y gozar del respeto de quienes les consideramos dignos de admiración.

Lo que determina la manera de vivir de un individuo, es la escala de valores por los cuales filtra sus pensamientos, y esto se puede apreciar en los diferentes estilos de vida que llevan individuos como Mark Zuckerberg que disfruta de una sólida empresa y viaja libremente por el mundo, y Jeanson Ancheta que debe pasar cinco años tras las rejas de una cárcel purgando una condena por cometer delitos informáticos. Dos jóvenes, talentosos, inteligentes y creativos, con iguales oportunidades para llegar al cielo, pero mientras uno utilizó su Quickening para crear la comunidad virtual más grande del mundo, el otro se dedicó a quebrantar la ley, haciéndose merecedor del desprecio social. Mientras la riqueza de Zuckerberg crece cada minuto, Ancheta vive de forma miserable en una penitenciaría de California. Buscando hacerse rico de forma ilegal, se hizo más pobre luego de que las autoridades decomisaran todos sus bienes y le exigieran pagar una multa por 15.000 dólares. Por esto, toda persona que anhele disfrutar placenteramente de la vida, rodeado de paz y riqueza, debe pensar con rectitud, teniendo presente que cada acción contra la armonía universal y los principios divinos, atrae maldición y muerte. El rey David lo expresó de la siguiente manera: "No te inquietes por la conducta de los malignos, ni sientas envidia de los que cometen iniquidad, porque como hierba verde se secarán, y como hierba seca serán cortados. Confía en Dios y actúa con rectitud, y Él hará que se hagan realidad los sueños de tu corazón" (Salmo 37). Y es que la prosperidad se convierte en bendición, y la riqueza se hace perdurable, cuando las simientes del éxito se fundan con ética y valor.

Piensa en la humanidad y serás rico

La mayoría de millonarios del mundo hicieron su fortuna tras haber encontrado solución a los problemas de quienes les rodeaban. Detectaron una necesidad, utilizaron su Quickening para hallar la más adecuada respuesta, y como acto seguido, la fortuna vino a sus vidas.

En la década de 1860, mientras muchos lamentaban las consecuencias de las guerras napoleónicas, y miles de niños morían por las secuelas de la desnutrición, un químico alemán dedicó su talento a la creación de un alimento que pudiese contener los nutrientes necesarios para reducir el índice de mortalidad que negaba vivir más de siete años al 50% de la infancia.

Henri Nestlé, que había visto morir a la mitad de sus hermanos siendo muy jóvenes, ensayó con diferentes mezclas hasta crear una fórmula compuesta de leche, azúcar, cereales y harina de trigo, la cual llamó Harina Lacteada. Este producto salvó la vida a millones de recién nacidos y dio origen a un pequeño negocio que llegó a convertirse en la empresa de alimentos número uno del mundo. Lo que nació como un noble sueño por el bien de la humanidad, se transformó en una célebre corporación que agrupa más de 2000 marcas entre las que podemos mencionar Savoy, Crunch, Nesquick, Dolce Gusto, Nescafé, Pureza Vital, Perrier, Carnation, Nestea, Cofee-Mate, Gerber, Háagen-Dazs, Cerelac, Nido, Maggi, Friskies, Cat Show, Alpo, Purina y Kit Kat, con casi 500 fábricas en 194 países produciendo alimentos y productos de belleza.

Dando continuidad a la filosofía de su fundador, para el año 2017, más de 4.800 científicos trabajaban en sus laboratorios para seguir llevando nutrición a los hogares, y esta dedicación sigue acrecentando la incalculable fortuna Nestlé, un nombre que está presente en casi todos los países del mundo. Lo único que hizo su creador fue contribuir con el bienestar del prójimo al querer acabar con la muerte prematura, y el universo le sonrió con una riqueza formidable.

De igual modo, Jack Ma, considerado el padre de la Internet en Asia, al descubrir que los productos elaborados en China no eran conocidos en el mundo, se dedicó a buscar una solución

Henry Nestlé

que ayudase a los pequeños productores y así luchar contra la pobreza de su pueblo, batalló contra la adversidad hasta crear un recurso que llamó Alibaba.com, con esto transformó la historia de las PYME (Pequeñas y Medianas Empresas), y terminó por convertirse en el asiático más rico del mundo.

Jack, nacido en un humilde hogar, hijo de un fotógrafo y una ayudante relojera, creció en medio del desprecio social por la discriminación política y fue rechazado de tres universidades y diecisiete empresas donde buscó trabajo. Ante sus constantes fracasos, estudió ingles de forma autodidacta, para convertirse en guía turístico. Este paso le llevó a los Estados Unidos, donde por primera vez manejó una computadora y se enteró de la existencia del Internet. Al navegar por diferentes buscadores, se sorprendió al descubrir que los productos de pequeños y medianos empresarios chinos estaban fuera del mercado virtual, lo cual los ponía en desventaja con el resto del mundo. Deseoso de proveer una solución, regresó a su país, reunió a varios amigos y les invitó a crear una empresa de servicios OnLine que difundiese la competitividad china en el planeta, idea que fue juzgada como absurda y brindó a Jack un nuevo desprecio, pero en medio del dolor que le produjo este nuevo vilipendio, mantuvo firme su sueño, y en 1999, con el apoyo de un grupo de jóvenes a quienes enseñaba ingles, apertura la compañía que más ha influido en el comercio oriental. Hoy, convertido en el hombre más rico de su país, viaja por el mundo motivando a emprendedores y soñadores, quienes le brindan el respeto que no recibió cuando era un adolescente. Sin importar su gran fortuna, sigue trabajando por el bien de la humanidad y en consecuencia ganando más dinero.

El precio de una solución

Vivimos en un mundo conformado por dos tipos de personas, las que se hunden en el mar de los problemas y los que crean flotadores para impedir que ellos se ahoguen. Como bien entenderás, el dinero siempre vendrá en abundancia a las manos de quienes utilizan su Quickening para facilitar la vida de los que se muestran incapaces de generar cambios.

Las personas están dispuestas a pagar por cualquier invento que les haga más fácil su diario vivir, darán lo que se les pida por una sabia respuesta a su malestar o crisis. Por esto, mientras más conflictos te rodeen, mayores oportunidades de éxito tendrás.

¿Hay crisis a tu alrededor? Entonces es tu oportunidad para hacer riqueza, solo debes alinear tus pensamientos con el talento natural, rendirlo de forma sincera al servicio de la humanidad, y así el universo te guiará a la abundancia. Enfoca un problema o necesidad, encuentra la solución y el dinero vendrá a tus manos.

Miles de personas encontraron fortuna tras una ingeniosa idea que sirvió para ayudar a la gente, ejemplo de ello son Stephanie Kwolek, Marion Donovan, Byron Godbersen y Bettle Nesmith.

Kwolek, preocupada por los seres que morían en enfrentamientos tratando de proteger a las comunidades, creó el Kevlar (Poli-paraphenylene terephtalamide), material que permitió la fabricación de los chalecos antibalas. Su invento ha salvado la vida de millones de soldados y policías en el mundo y la hizo merecedora del premio "Lemelson" otorgado por el Instituto Tecnológico de Massachusetts con una bonificación de 500.000 dólares. Donovan percibió la incomodidad que generaba transportar bebés de un lugar a otro con pañales de tela, se dedicó a crear un producto que pudiese ser desechado una vez que el niño defecaba u orinaba, el pañal desechable facilitó la vida de millones de mujeres, y convirtió a Donovan en una exitosa millonaria. Byron Godbersen, quien pasó su infancia cargando bultos de trigo, al crecer se dedicó a inventar equipos y productos que hiciesen más sencillo el trabajo en el campo, fue galardonado con varios premios por sus grandes contribuciones al desarrollo agropecuario y marítimo, acumuló una fortuna de tal magnitud que le permitió recorrer el mundo para conocer sus principales atractivos, e incluso reproducir algunos de ellos en su propio museo. Bettle Nesmith una secretaría divorciada que brindaba sus servicios en un banco local, buscó la manera de facilitar la vida de las mecanógrafas ante los incorregibles errores que se cometían en las antiguas máquinas de transcripción, creó el corrector líquido conocido como Liquiq Paper, producto que negoció a la Corporación Gillete por 47,5 millones de dólares, además de hacerse millonaria, ayudó a muchas damas laboriosas.

Como estos inventos, aún hay millones de ideas represadas esperando fluir para dar solución a una necesidad. Tú tienes poder para cambiar vidas, has sido creado con la capacidad de transformar el mundo. No sigas buscando la riqueza fuera de ti. Enfoca tus pensamientos en la creación de medios o recursos que faciliten la vida de las personas, harás más cómoda su existencia y la fortuna te seguirá a donde vayas.

La abundancia del universo es de quienes procuran el bien ajeno sin olvidar su propia ventura.

Ganancias justas

Muchos consideran que la manera más rápida de obtener riqueza es valiéndose del fraude, los sobreprecios y el engaño, incluso llegan a elogiar tales conductas, mostrándose como hábiles estrategas en el mundo de los negocios.

Es muy común encontrar personas que tratan de vendernos artículos robados, ropa pirata, libros plagiados, autos descompuestos y alimentos de mala calidad; falsean la realidad para obtener ganancias deshonestas y acumular riqueza. En algunos casos logran fortuna, pero se ven obligados a vivir bajo la sombra del engaño, por lo cual, desconfían de todo lo que les rodea, juzgan al mundo por sus propias conductas y al creer que todos somos iguales, llenan su corazón de celo y terminan llevando vidas solitarias. Otros, creen que la manera más cómoda de hacer riqueza es por medio de la corrupción y el narcotráfico. Muchos jóvenes ansiosos de lujo y confort son seducidos por estos flagelos y se entregan a oficios deshonrosos,

Jack Ma

sin considerar que detrás de su enriquecimiento dejan semillas de muerte que darán como fruto desprecio y destrucción.

Con una mentalidad diferente, Ingvar Kamprad mostró al mundo que sí es posible llegar a la cumbre caminando en integridad. Este empresario, considerado uno de los hombres más ricos del mundo, inició su negocio a la edad de diecisiete años con la visión de ofrecer productos accesibles a cualquier persona y así contribuir con el mejoramiento de sus vidas. Soñó, creyó, actuó y creó una empresa donde el respeto por las personas debía ser la principal política, así surgió IKEA, la fábrica de muebles más grande y poderosa del mundo.

Kamprad nació en Agunnaryd (1926), una región europea donde la tierra era pobre y el clima hostil. Se crió en una granja, rodeado de austeridad, viendo como los habitantes del pueblo, incluyendo sus padres, debían usar la imaginación para aprovechar al máximo los pocos recursos que llegaban a sus manos. A los diecisiete años, recibió de su padre una pequeña cantidad de dinero como premio por las buenas calificaciones obtenidas en el colegio, viajó a una ciudad cercana e invirtió hasta el último centavo para comprar cajas de fósforos y detallarlas entre sus vecinos con pequeños márgenes de ganancia, su mayor deseo era ser instrumento de bendición a todas las personas que tenían dificultad para obtener el producto. El negocio comenzó a crecer, poco a poco fue agregando agujas, medias de nailon, semillas, lápices, bolígrafos, y más tarde, en un galpón rentado incluyó muebles para el hogar.

El crecimiento fue tan rápido, gracias a los bajos precios y el buen servicio, que pronto la competencia comenzó a presionar y chantajear a los fabricantes para impedir que llegase mercancía a la tienda de Kamprad, situación que le motivó a diseñar y fabricar su propio mobiliario.

Para el momento de su muerte (2018) ocupaba el octavo lugar entre los más ricos del planeta, con una fortuna superior a los 64.000 millones de dólares, y aún mantenía su filosofía de "fabricar muebles de primera calidad y venderlos obteniendo una

Marion Donovan

justa ganancia para el beneficio de las familias del mundo".

Kamprad es ejemplo de perseverancia, un hombre que supo sacar provecho de la dificultad, convirtiendo los problemas en oportunidades y la crisis en bendición.

En la mayoría de los hogares de Europa, América y Asia hay muebles salidos de los talleres de este emprendedor, un visionario que vio dificultades a su alrededor y se consagró a buscar soluciones, dedicó su vida para bendecir a la humanidad y obtuvo como resultado una gran fortuna.

No se aprovechó de la necesidad del prójimo, se dedicó a servir con sabiduría y el universo le recompensó.

Ingvar Kamprad es un modelo para las empresas modernas, el buen trato que se brinda al personal de IKEA ha servido para cambiar el paradigma de muchos déspotas comerciantes que veían en la explotación laboral y los sobreprecios el mejor camino a la riqueza.

Para Kamprad, las personas que trabajaban a su lado eran la clave del éxito, incluso se negaba a llamarlos "empleados", prefería decirles: "colaboradores".

Muchos analistas del desarrollo empresarial consideran que el crecimiento de IKEA se debió principalmente a la forma como era tratado su personal, y es que Kamprad buscó que cada trabajador recibiera beneficios que le ayudasen a superarse, por esto, constantemente invertía fuertes sumas de dinero en seminarios y cursos para la formación, asegurándose de que estuviesen en continuo crecimiento, y con sus necesidades cubiertas.

En IKEA todos laboran en un mismo sentir, una misma visión, y esto les ha permitido generar un espíritu de triunfo capaz de derribar a cualquier gigante.

Kamprad personalmente se encargaba de transmitir la visión empresarial en una serie de talleres que denominó: "IKEA WAY", un factor de gran importancia en el desarrollo de cualquier proyecto empresarial, ya que caminar con personas que conozcan nuestros sueños y los compartan, es clave funda-

Stephanie Kwolek

mental en la creación de riqueza.

Frederick W. Smith, presidente y consejero de Federal Express Corporación, dice: "Las personas cuando trabajan en un entorno con una visión común de la excelencia, en el que pueden dar lo mejor de sí mismas cada día, y saben lo que se espera de ellas, entienden que la recompensa está ligada a los resultados y creen que pueden marcar la diferencia porque se les escucha, son el elemento que marca esa diferencia. Si se dan estas circunstancias, el factor humano superará las expectativas y comenzarán a ocurrir cosas extraordinarias".

¿Quién te acompaña?

Es imposible bendecir a la humanidad cuando estamos rodeados de personas incorrectas. Saber seleccionar los socios y los amigos es de vital importancia en la construcción de riqueza; una mala elección puede estancarte y condenarte a la mediocridad.

Sobre la amistad se han escrito cientos de frases dramáticas que llenan el espíritu de melancolía: "Un amigo es quien te presta el hombro para llorar", "Los amigos se reconocen en las malas", "Un amigo no te abandona en momentos de calamidad". ¿Te das cuenta que todo está relacionado con dolor, tristeza, pobreza, llanto, crisis y desesperanza?

Particularmente creo que es muy fácil que alguien llore a tu lado, lo difícil es conseguir personas que se gocen cuando triunfamos. Yo agradezco que una persona me brinde auxilio en un momento de dificultad, es una acción que llega a ser invaluable, pero quiero tener amigos que también sonrían ante mis conquistas y celebren mis victorias, que me animen a crecer, que crean en mis sueños, aunque no los comprendan y parezcan locura. ¡Eso son verdaderos amigos!

Otra frase dañina que las personas repiten con mucha frecuencia es: "Un amigo te acepta como eres" ¡Falso! Un verdadero amigo es aquel que lucha por tu bienestar y no le importa invertir tiempo y dinero por un cambio radical que te eleve a la excelencia. Una persona que dice ser tu amigo debe influir para que cambies constantemente. Así ayudará para que seas próspero, y al buscar tu bienestar atraerá riqueza para su vida.

Quien te acepta como eres contribuirá para que permanezcas como estás. ¡No lo permitas! Únete a seres que estén en constante crecimiento y te exijan crecer a su lado.

En una oportunidad, recibí una postal por correo electrónico que decía: "Un amigo hace que olvides los problemas. Cuando estás a su lado olvidas todo lo que está a tu alrededor". Le respondí: "Si crees que eso es la amistad, entonces nunca seré tu amigo. Pues cuando camine a tu lado me aseguraré de hablar insistentemente de tus penurias y debilidades, y no quedaré satisfecho hasta hallar la solución. ¡No quiero que olvides los problemas! Quiero que los transformes en bendición". Recibí una nueva nota: "Eres cruel, pero tienes razón. Gracias por tu amistad".

Si deseamos cambiar el mundo y atraer riqueza, debemos buscar el bien de la humanidad, y una buena manera de comenzar es cambiar los paradigmas que lo rigen, modificar su estructura, renovar sus ideas y pensamientos.

La abundancia del universo está oculta tras un dorado velo de creencias dañinas, si queremos conquistar riqueza es necesario romperlo, pues, aunque sea dorado no es oro.

Tratando de hacer comprender este principio a un grupo de adolescentes, inventé una pequeña metáfora. Un par de semanas más tarde, Ivanna Chacón, una alumna a quien amo como a una hija, me contó que había decidido sacar de su vida los obstáculos que le impedían ser la mejor estudiante del colegio. Era una niña inteligente, con mucho talento, pero incapaz de valorar la riqueza que poseía.

Aquella mañana dije a los jóvenes: "Hay muchas cosas que ustedes consideran valiosas y divertidas, pero en realidad no son más que ilusiones que desvían su atención de la verdadera riqueza". Entonces conté la historia: "Un anciano llamado Leber llegó al hogar de un viejo amigo que sucumbía en la pobreza. El hambre estaba matando a sus hijos, y los acreedores, sabiendo el lo que había bajo toda esa miseria, deseaban desesperadamente embargar sus tierras. Frente a la sórdida vivienda había un hermoso cultivo de rosas. El esplendor de las flores era su orgullo. Leber, enérgicamente tomó algunas herramientas y destruyó el cultivo mientras escuchaba los suspiros de todos los famélicos miembros de la familia. Tiró lejos las plantas y dijo al amigo: -Toma esa pala y cava conmigo- Aquel hombre sin comprender obedeció. Al cabo de unas horas, recogió unas piedras, y sonriendo dijo: -¡Esto es oro!... Por décadas habían padecido los estragos de la pobreza, sentados sobre uno de los más codiciados y valiosos metales. Fue necesario que un amigo destruyese las rosas que adornaban la miseria, para sacar a la luz el tesoro que cambiaría sus vidas".

De igual manera, debes destruir y permitir que otros destruyan todo lo que impida obtener bienestar, aunque duela y produzca incomodidad.

Nunca te juntes con seres conformistas, únete a valientes que te exhorten hasta que encuentres oro. Si te rodeas de mediocres que constantemente te adulen y alaben la belleza de tus rosas, no pasarás de ser un mendigo rodeado de flores.

Para alcanzar abundancia, requieres de amigos que caminen en tu misma dirección, personas con las que puedas hacer sinergia y así conquistar juntos la grandeza.

Analiza quién te acompaña y marca distancia de los que te detienen. Puede parecer un duro consejo, pero en el mundo del éxito hay que aprender a tomar decisiones, y muchas de ellas son fuertes.

Debes escoger entre moverte emocionalmente o actuar con sabiduría, te garantizo que, si te apegas a sentimientos de culpa y compasión, terminarás del lado de los perdedores, pero si actúas correctamente siguiendo el consejo de los que están en la cumbre, pronto estarás haciéndoles compañía.

Escucha la conversación de cada persona que se llegue a ti, sus palabras te permitirán descubrir por cuál camino transitan. Sé

Bettle Nesmith

selectivo.

Utiliza tu energía para bendecir a toda la humanidad, pero abre tu vida solo a quienes muestren visión de grandeza. Comparte con aquellos que elevan su espíritu a la abundancia. La forma de hablar revela el contenido del alma, la Biblia dice: "De la abundancia del corazón, habla la boca" (Lucas 6:45). Una persona con la mente llena de limitación y mediocridad atraerá pobreza, si estás muy cerca también te tocará, por esto es necesario socializar con triunfadores, gente que piense, hable y actúe con espíritu de conquista. GENTE EN POSITIVO.

Un universo de riqueza y plenitud espera por ti, no te acompañes de mediocres o te quedarás fuera de la fiesta. Las águilas vuelan con águilas.

Para ayudar a las personas que tienen espíritu débil, no es necesario que les incluyas en tus proyectos. Byron Godbersen convivía junto a agricultores pobres, pero nunca se sentó con ellos a comulgar en la mesa del dolor, marcó distancia y al conseguir grandeza facilitó sus vidas. Ingvar Kamprad se apartó de los empresarios mediocres que le rodeaban, por esto, le atacaron e intentaron acabar con su empresa, pero estar separado de un pequeño grupo de individuos de mentalidad pobre, le permitió convertirse en bendición para miles de familias en todo el mundo.

Cada proyecto en el que guíes tu vida debe buscar el bien de la humanidad, piensa en su bienestar, pero acompáñate de personas que deseen cambiar el mundo.

Si quieres atraer riqueza y bienestar, debes asegurarte de que cada persona que te acompaña esté bien, se sienta bien y conozca la grandeza de tus pensamientos. Si un miembro de tu equipo, sea socio o empleado, no comparte la meta que deseas alcanzar, la decisión más sabia es permitirle tomar un camino diferente. Nunca retengas a una persona o terminará por estorbar, alejándote del éxito.

Particularmente, yo respeto a quienes están en desacuerdo con mis sueños y proyectos, pero me aseguro que lo hagan lejos de

Ingvar Kamprad

mi territorio. En mi mesa no puedo sentar a un adversario o puedo terminar envenenado. Quien quiera crecer a mi lado debe conocer mi visión, creerla y apoyarla sin reserva, de lo contrario terminará por generar división y desgaste energético. Como dijo Jesús: "El que no está conmigo, en mi contra está".

Analiza a cada ser que compone tu equipo y no vaciles en desprenderte de todos los que quieran dirigir la nave a un puerto diferente o terminarás naufragando. Hay muchas riquezas en el universo, y los sabios se convierten en un imán para ellas.

Camina con gente que piense, sueñe y actúe como tú, muévete en integridad, utiliza tu Quickening para bendecir a quienes te rodean y se abrirá la tierra para entregarte sus tesoros. Eleva tus sueños con una visión holística y la oportunidad de alcanzar excelencia y abundancia será cada día mayor.

"El que anda con sabios, sabio será;
más el que se junta con necios será quebrantado"
Proverbios 13:20

"Lo único necesario para el triunfo del mal es
que los buenos no hagan nada"
Edmund Burke

"Más que los actos de los malos,
me horroriza la indiferencia de los buenos"
Gandhi

"Las grandes oportunidades de ayudar a los demás
son raras, pero las pequeñas se nos presentan a cada rato"
Sally Roch

"Buscando el bien de nuestros
semejantes encontramos el nuestro"
Platón

"La pesa y la medida falsa son abominación ante Dios"
Proverbios 20:10

"Solo debe haber negociación cuando
ambas partes son beneficiadas"
Benjamín Franklin

ROMPE LAS BARRERAS

Durante seis décadas, Harland David Sanders llevó una vida poco envidiable, sin embargo, cualquier persona del mundo desearía tener el éxito que este hombre había acumulado al momento de morir.

Sanders nació en una pequeña granja de Indiana en 1890. Su vida fue marcada a los seis años, cuando murió su padre, suceso que, en 1901, le obligó a dejar la escuela para asumir la responsabilidad de cuidar a sus dos hermanos menores y así apoyar a su madre que pasaba todo el día pelando tomates en una fábrica de enlatados. Inmerso en las obligaciones del hogar, aprendió el arte culinario y se apasionó por la elaboración de platos típicos.

Cansado del estrés que producía las malas relaciones con su padrastro, dejó el hogar para irse a trabajar en una hacienda como cocinero, recibiendo siete dólares semanales como pago por sus servicios. Al cumplir los dieciséis años se unió al ejército, y fue enviado a Cuba. A su regreso a los Estados Unidos, se desempeñó como bombero, vendedor de llantas, conductor de barcos, herrero, ayudante agrícola, asesor de seguros y despachador en una gasolinera de la Standard Oil, donde aprovechó para vender pollos que él mismo preparaba. Como no tenía un restaurante formal, atendía a los comensales en el cuarto donde dormía.

Su fama de buen cocinero comenzó a crecer, por esto, nueve años más tarde se mudó a un motel que tenía un salón con mesas para 142 personas. Al cumplir los cincuenta años, por fin parecía haber logrado la estabilidad, tenía el "Sanders Court & Café", un prometedor negocio que le daría estabilidad; pero el desarrollo pasó sobre sus logros. Un proyecto de infraestructura estatal había sido trazado justo sobre el terreno donde se encontraba el motel. El establecimiento fue demolido para per-

Harland Sanders

mitir la construcción de la Carretera Interestatal 75, y tras ver caer el fruto de su esfuerzo, el desalojo le fue recompensado con 105 dólares que escasamente alcanzaron para pagar deudas a proveedores. Sanders estaba en bancarrota, sin hogar, dinero y trabajo, tal fue la crisis que se vio forzado a cobijarse bajo una pensión de seguridad social.

Después de haber recorrido por diferentes escenarios buscando el éxito, ahora, sin la fuerza de la juventud, estaba viviendo de las bondades del gobierno. Tal vez debió conformarse y resignarse a "disfrutar" de lo que recibía cada día. No era lo que había soñado, pero tendría asegurado refugio y alimento. Cualquier conformista en su lugar pudo decir: "¿Qué más se puede pedir cuando ya se es viejo?". Muchos habrían aceptado lo ocurrido como un designio del destino, pero no Harland Sanders, un luchador que miró cara a cara a la fatalidad y determinó vencerla a pesar de su avanzada edad y los fracasos obtenidos.

En 1952, cuando acababa de cumplir sesenta y dos años, dejó la pensión y emprendió un viaje para vender su receta de pollo frito, se desplazó por los restaurantes de Estados Unidos ofreciendo su fórmula a base de especias y la particular técnica de freír a presión, a cambio de cinco centavos por cada plato que se vendiese, y así nació KFC - Kentucky Fried Chicken, que para el 2010 vendían 5.8 billones de piezas de pollo cada año.

Para 1964 ya tenía negocio transado con 600 establecimientos, y cinco años más tarde 3.500 restaurantes ofrecían el famoso pollo del Coronel Sanders, apodo que le fue impuesto por Ruby Laffon, gobernador de Kentucky, como un agradecimiento por contribuir con la cultura del estado.

A finales de ese año, Sanders vendió KFC por dos millones de dólares a un grupo de inversionistas liderado por John Brown, pero siguió siendo portavoz e imagen de la empresa.

En 1971, Heublein Inc. compró KFC Corporations, y en 1986 la traspasó a PepsiCo tras una negociación por un total de 840 millones de dólares.

En la actualidad, Harland Sanders, quien murió a los noventa años (1980), sigue siendo considerado una de las celebridades más reconocidas e influyentes de la historia, premiado con el Horatio Alder Awards de la American Schools and Colleges Associatión y recordado como una figura emblemática del desarrollo económico norteamericano.

Sanders fue un hombre que nunca aceptó la derrota, luchó contra la pobreza, y esto le permitió morir lleno de vida.

El conformismo atrae escasez

Una de las principales causas de la pobreza mundial es el conformismo, condición propia de quien se adapta con facilidad a circunstancias que no le son óptimas o agradables.

El conformismo es un mal que destruye las potencialidades del ser humano anulando su espíritu de conquista, por esta razón quien desee mejorar y crecer sin límites, debe erradicarlo de su vida, nadie puede convertirse en un conquistador sentado en el sillón de la conformidad, próceres como José Martí, Simón Bolívar, Thomas Cochrane, Francisco de Paula Santander, George Washington o José de San Martín, trasformaron la historia de sus naciones porque rompieron el conformismo y actuaron diferente a las masas, quienes se habían acostumbrado a vivir atados al yugo de la esclavitud, dependiendo de los "beneficios" que un caudillo les permitía disfrutar.

Las personas conformistas por lo general manifiestan ser felices con lo que poseen, y aseguran no necesitar cosas superiores, cuando en realidad desean vivir en mejores escenarios, pero el miedo a fracasar los obliga a pensar que es mejor la "seguridad" que el riesgo, por esto, construyen cercas que mantengan lejos las posibilidades de riesgo, sin importar que estas barreras les encierran en un mundo monótono y sin pasión, privándoles de grandes oportunidades.

En un artículo publicado en Internet, Patrocinio Navarro dice: "Exigirle cambio al conformista, es ponerle en sobresalto y esto supone una incomodidad, un malestar, y el conformista necesita sentirse cómodo, pisando seguro, cumpliendo lo que se le dice y actuando como tiene que actuar. Los conformistas no pueden ser artistas, ni revolucionarios, ni místicos, ni producir algo nuevo. Todo lo contrario, estas palabras encienden en su interior todas las alarmas y le producen pánicos inconfesados que disfrazan de indiferencia".

La conducta del conformista es poco holística, su indiferencia a los sueños y necesidades de quienes le rodean le convierten en un ser egoísta. Crean limitaciones y pretenden que todo el que viva a su alrededor se circunscriba a ellas, por lo general pretender imponer su modo de vida como modelo idóneo de excelencia. Un individuo conformista llega a considerar que el mundo siempre será mejor si se conduce de la muy particular manera como él lo interpreta, negando a otros la posibilidad de construir su propio mundo, por esta razón terminan en serios conflictos con todo el que piense o actúe diferente, quien le contradiga será considerado un rebelde extremista que no valora, ni agradece lo que posee.

¿Imaginas cómo sería el mundo si Galileo Galilei, considerado padre de la ciencia y la astronomía moderna, hubiese aceptado las creencias de su época? Seguiríamos creyendo que la tierra es el centro del universo y, que todo en el espacio gira a su alrededor. Su inconformidad intelectual ante los paradigmas culturales y religiosos le llevó a publicar descubrimientos que cambiaron la historia. No le importó arriesgar su vida, para él, conformarse era morir. Galilei fue un amante del riesgo que rompió las cercas de lo común y la rutina, al igual que lo fueron Charles Limberg, quien no se resignó a viajar en barco de Europa a América y se atrevió a volar, Tomás Edison, que ante la incomodidad de trabajar en la oscuridad inventó la bombilla incandescente, y Joseph C. Gayetty inventor del papel higiénico.

¿Has pensado como sería tu vida si no existiesen sillas, teléfonos, agujas, Internet, autos, pelotas, instrumentos musicales, aviones, imprentas, barcos, motores o botellas para envasar vino? Todo esto es el resultado de mentes inconformes, hombres

Carlos Alejandro Méndez

y mujeres que rompieron las barreras mentales, activaron su Quickening y cambiaron el mundo.

En uno de nuestros campamentos para jóvenes, luego de una fogata, una chica me comentó que tenía serios problemas con su padre, él consideraba que debía buscar un trabajo en una empresa que le garantizase un ingreso estable y así disfrutar de un retiro seguro al llegar su vejez. Ella quería ser una exploradora, comenzar su propia empresa de modas y aventurarse en la jungla de los negocios. Años más tarde, se vio obligada a dejar el hogar para poder hacer realidad su sueño, se negó a vivir dentro de las cercas del conformismo y hoy goza de libertad, es feliz, hace lo que le gusta y ha trazado una bitácora al cielo.

De haber aceptado la imposición de su padre, estaría sentada en una oficina, cumpliendo las órdenes de quien establecería sus ingresos y en consecuencia determinaría su estilo de vida.

Millones de seres en el mundo al alcanzar un ingreso que les permita cubrir sus necesidades primarias, se estancan ante el "bienestar" que esto produce, negándose a la oportunidad de ser cada día mejor. En muchos casos, contar con un sueldo que cubra el alquiler o la cuota hipotecaria de una modesta vivienda, llega a producir la sensación de haberlo alcanzado todo, aun cuando en su mente y corazón puedan desear una mejor condición de vida.

Quienes se conforman con lo que reciben y no procuran crecer, se verán afectados por la escasez. Inevitablemente llegará un momento en que los ingresos le serán insuficientes para cubrir todos sus requerimientos, necesidades, sueños y deseos. Por esto siempre se debe anhelar más. No pretendo que te conviertas en un codicioso insaciable, de este modo solo terminarás siendo un ser insatisfecho e infeliz. Mi deseo es que poseas lo que realmente necesitas para vivir en plenitud, sin limitaciones, no es la cantidad en sí lo que importa, se trata de que logres vivir con calidad.

Vivir agradecidos

Algunos confunden la gratitud con el conformismo, y estas son dos actitudes totalmente diferentes. El conformismo limita y nos hace pobres, la gratitud libera y nos eleva a la riqueza.

Un ser agradecido y con visión de grandeza, bendice y da gracias a su Proveedor por los favores o beneficios recibidos; se regocija, pero nunca se conforma, disfruta lo que posee con una mente abierta, siempre esperando tomar más de la abundancia del universo.

Toda persona que desee lograr un nivel óptimo de riqueza que llegue más allá de los bienes materiales, debe aprender a ser agradecido en todo momento. Agradecer por el calzado que cubre sus pies, aun cuando esté viejo y desgastado, pero deseoso de caminar con los zapatos que fabrica el mejor diseñador de su país; agradecer por el lugar donde vive sin dejar de soñar con la casa que le brinda el merecido confort.

Algunos falsos conceptos de espiritualidad sostienen que debemos ser conformes con lo que nos es provisto cada día, o de lo contrario terminaremos por ser personas materialistas, ajenas al "carácter de Dios". Pero el conformismo hace en el hombre lo mismo que hacen al río las rocas que logran detener su curso: producen muerte. El estancamiento aleja de la vida, y dudo que el deseo de Dios sea que los seres humanos vivan como inmóviles pantanos, por el contrario, creo que Su voluntad es que podamos correr por un caudal de libertad llevando vida a nuestro paso, ser fuente de bendición y gratitud hasta que nos encontremos con la infinita riqueza del océano.

Una persona espiritual, es una persona agradecida. Quien agradece expresa admiración por el ser que le honra con sus dones. Sin gratitud no hay espiritualidad posible. Muchos aparentan ser "espirituales", pero les resulta difícil decir gracias, adoptan conductas conformistas, negándose a disfrutar de placeres terrenales, pero dan poca importancia al hecho de que sus corazones estén llenos de soberbia y egoísmo, con este tipo de actitud realmente están más cerca de la mediocridad que de tener algún tipo de riqueza espiritual.

Debemos agradecer a cada momento por la vida, por el aire y el alimento, incluso aprender a decir gracias por las situaciones que provocan desagrado y dolor, ya que, en muchos casos, estas nos están guiando a un mejor escenario. La muerte del padre de Harland Sanders hizo que aprendiese a cocinar; la pésima relación con su padrastro le permitió aprender a preparar alimentos para grandes grupos de personas, la construcción de una carretera sobre su restaurante le llevó a pensar en un negocio sin fronteras, de no haber sido así, probablemente habría muerto friendo pollo para un reducido número de clientes. Cada situación de crisis le condujo a convertirse en el fundador de una de las franquicias más prósperas del mundo, por esto, sea cual sea la situación por la que estemos atravesando, nunca debe faltar una expresión de gratitud, ya que desconocemos hacia dónde nos está guiando.

Siempre debemos ser agradecidos. ¡Agradecidos sí, conformistas jamás!

Si realmente quieres disfrutar de la grandeza del universo, recuerda que el conformismo es la cuna donde se mece la mediocridad, y esta siempre estará relacionada con la pobreza.

Eleva una oración de agradecimiento por todo lo que posees, pero nunca te conformes ¡Siempre habrá algo más grande esperando por ti!

Más que un buen sueldo

Luego de abandonar la empresa en la que trabajaba recibiendo un buen sueldo y ocupando un puesto de alta confianza, un joven de veintisiete años invirtió sus ahorros en un par de máquinas de costura y se dedicó a fabricar batas para dama en la estrechez de su domicilio. Y, quién podría creer que este humilde comienzo le llevaría a ser uno de los tres hombres más ricos del mundo con una fortuna superior a los 71.000 millones de dólares (2017) ¡Sorprendente! Esa es la historia de Amancio Ortega Gaona, quien se convirtió en el más exitoso empresario

Amancio Ortega

de la industria textil, con casi 7.000 tiendas en Europa, América, Asia y África.

Nació en un humilde hogar al norte de España, en el seno de una familia sostenida con los limitados ingresos de un empleado ferroviario. A los catorce años, movido por la falta de dinero, comenzó a trabajar como repartidor en una tienda de ropa masculina, más tarde, dejó este oficio y fue contratado en una importante mercería, allí se destacó como un empleado de espíritu innovador, ganó la confianza de sus jefes y, en poco tiempo, fue nombrado ejecutivo de ventas con la responsabilidad de representar la empresa en todo el territorio español.

A pesar de su corta edad, Ortega gozaba de gran respeto y un significativo sueldo; pero estos "beneficios" no eran nada comparados con sus sueños de grandeza y libertad, por ello, renunció y dio inicio a lo que hoy se conoce como el imperio Inditex (Industrias de Diseño Textil Sociedad Anónima) con una infraestructura donde fácilmente podrían construirse cuarenta y siete campos de fútbol. Entre las firmas más conocidas que agrupa esta organización, se encuentran Zara, Bershka, Massimo Dutty, Oysho y Kiddy´s Class.

De haber continuado en su antiguo oficio, probablemente se habría convertido en un gerente sobresaliente, pero no existiría la empresa textil más importante del mundo que genera casi 140.000 puestos de trabajo.

La determinación de cambio surgida en Amancio Ortega, le convirtió en un próspero empresario que no solo ha incursionado en el mundo de la moda, sino que su habilidad comercial le permitió diversificarse al sector inmobiliario donde, por medio de su empresa Pontegadea Inversiones, ha realizado millonarias negociaciones como la compra de once edificios que pertenecían al Banco Santander por 458 millones de dólares, un rascacielos en Manhattan por 107 millones y un Centro Comercial en Berlín adquirido por 275 millones, y muchas otras propiedades como las Torres Cepsa en Madrid, Southeast Financial

Fred De Luca

Center en Miami y la Almack House de Londres.

En la actualidad (2018) se estima que los inmuebles de Ortega incrementan su patrimonio en más de 8.500 millones de euros, nada mal para un hombre que dejó un sueldo estable para arriesgarse fabricando ropa.

La fortuna de Ortega además de haber servido para abrir tiendas en casi todo el mundo, comprar lujosos edificios, tener avión privado y asistir los domingos a su propio hipódromo, también financia importantes proyectos de desarrollo social y educativos. Por medio de su fundación otorga becas a estudiantes en EEUU y Canadá, promueve el perfeccionamiento de la agricultura, fomenta la innovación educativa mediante el uso de las Tecnologías de la Información y la Comunicación (TIC), dona importantes equipos a hospitales públicos dedicados a combatir el cáncer, y crea escuelas infantiles.

¿A qué edad debo comenzar?

Muchas veces la edad se convierte en un factor de limitación, y podría tomarse como la excusa perfecta para frenar el ascenso a la cumbre. Algunos individuos argumentan ser muy jóvenes o muy viejos para buscar el éxito. Sin embargo, podemos encontrar personas que iniciaron la construcción de su fortuna en la adolescencia, mientras, otras lo han hecho siendo ancianas, demostrando así que la edad biológica nada tiene que ver con el alcance de metas y riqueza.

La edad es un factor que afecta principalmente el aspecto psicológico, lo cual influye en el cuerpo generando limitación. Deepak Chopra dice: "Somos las únicas criaturas de la tierra que pueden cambiar su biología por lo que piensan y sienten. Poseemos el único sistema nervioso que tiene conciencia del fenómeno del envejecimiento".

Cada individuo determina la edad en función de lo que cree, y esto hace que se sienta fuerte o que se haga débil. ¿Cuántos años crees que tendrías si vivieses en el espacio? Allí no hay días y noches, no hay meses ni años, entonces, ¿Cómo podrías calcular la edad? El tiempo se mide según normas y paradigmas establecidos por el hombre. Si crees que eres un anciano tendrás la tendencia a comportarte como tal, y si consideras que eres un ser "inmaduro" entonces recurrirás a conductas infantiles e irresponsables que te alejarán de la abundancia.

Fred De Luca, movido por la falta de dinero para pagar sus estudios, pidió prestados 1.000 dólares a su amigo Peter Buck e inició un proyecto de comidas rápidas saludables conocido como "Subway". Cinco décadas más tarde, en 2015, contaba con 44.000 locales en 110 países, lo cual convirtió a esta empresa en una de las principales franquicias del mundo, muy por arriba de McDonald. Para el momento de su muerte, De Luca disponía de una fortuna personal superior a los 3.500 millones de dólares. ¡Era un adolescente de 17 años sin dinero cuando comenzó!

Gary Heavin, luego de quedar en banca rota e ir a la cárcel por no poder pagar la manutención de sus hijos, dejo atrás su fracaso e inició un nuevo proyecto al cumplir los 37 años. En 1992 abrió "Curves", un centro de bienestar físico que diecisiete años más tarde se había multiplicado a 10.000 locales en 84 países. Hoy, en unión con su esposa Diane, ha generado empleo para más de 60.000 personas, y la oportunidad de vivir mejor a cuatro millones de socias, lo cual les convierte en la empresa de salud más grande del mundo. Posteriormente lanzaron la revista "Curves" con un récord de ventas de 1.4 millones de ejemplares. El trágico suceso en el cual Gary a los 13 años, perdió a su madre, víctima de un accidente cerebrovascular causado por la obesidad, le inspiró para consagrar su vida por el bien de otros, y en consecuencia a convertirse en milmillonario. ¡Y ya rondaba los 40 años cuando comenzó!

Luego de desarrollar una carrera ejemplar como ejecutivo en la empresa aérea Avianca, Álvaro Jaramillo, colombiano de 45 años de edad, decidió dejar de ser empleado para establecer una sociedad con Hernán Pérez. Sin dinero, fundaron IQ Outsourcing, una empresa dedicada a prestar servicio a las instituciones bancarias. Diez años más tarde, facturaban un promedio de 15.000 millones de dólares anualmente, con ocho centros de operación y 850 empleados.

Rafael Cuéllar luego de ser jubilado, a los 65 años de edad vendió sus propiedades para arriesgarse con un negocio que era desconocido en su país: el Método Kumon, un modelo de autoaprendizaje de matemáticas que había sido desarrollado en Japón. A una edad en la que tomar todo lo que se ha logrado en la vida para invertirlo en un negocio puede ser considerado una locura, Cuéllar se lanzó en un nuevo reto y al cumplir los 77 años, le transfería a su hijo la dirección de una institución con 180 sucursales y 7.000 estudiantes. ¡Era un sexagenario cuando decidió recomenzar y hacer fortuna!

Definitivamente no importa la edad cuando se tiene ganas de TRIUNFAR.

Si una persona determina hacerse grande, no hay barrera que pueda detenerle, ya sea muy joven o de edad avanzada, si la meta es el éxito, terminará como un campeón.

Te han impuesto paradigmas que, a menos que los cambies, estarán saboteándote toda la vida. Tu verdadero ser: el que mora dentro del cuerpo que ves cada mañana frente al espejo, no es niño ni es viejo, no envejece ni se rejuvenece. Hoy tienes la misma edad que tenías al nacer y la misma que tendrás el día que mueras. En tu mente han sembrado la idea de que si eres muy joven debes dedicarte a disfrutar de fiestas y placeres, pero si eres viejo ya tu tiempo pasó, si das crédito a estos pensamientos, te convertirás en una especie de flor con tiempo limitado para embellecer, una mentira más que debes borrar de los archivos de tu mente.

Enfocarte en el éxito, la bendición y la riqueza, sin calcular cuántos días han transcurrido desde que dejaste el vientre de tu madre, o cuántos faltan para que emprendas el viaje final.

En 1966 murió el fundador y presidente de Wipro, una empresa de India dedicada a producir aceite de girasol. Su hijo, Azim Premji, que apenas tenía veintiún años, asumió su cargo en

Gary & Diane Heavin

contra de los directivos que preferían delegar la gerencia a un "hombre con experiencia". Sin apoyo, y con poca pericia, Premji fijó el éxito como su punto de llegada, y hoy, goza de una fortuna superior a los 18.000 millones de dólares y genera empleo para 70.000 personas. Es considerado el Bill Gates de la India.

Azim es un hombre de éxito por dos principales razones: Tiene excelencia y visión de oportunidad. Luego del golpe de estado provocado por una coalición de nacionalistas hindúes y socialistas; trasnacionales como IBM y Coca Cola abandonaron el país generando una fuerte ola de desempleo. Mientras la mayoría de profesionales despedidos se quejaban de su infortunio, Azim Premji vio un amplio terreno que debía ser conquistado. Rompió la tradición familiar, e incursionó en el negocio de la tecnología. No sintió miedo al cambio. ¡ACEPTÓ EL RETO! y se convirtió en milmillonario en un país de pobres. Aprovechó la oportunidad, fundó Wipro Technologies y escaló a la grandeza.

Cuando las transnacionales se fueron, todos los habitantes de la India estaban frente al mismo escenario de oportunidades, pero solo un hombre tuvo la actitud correcta.

Mohamed Javeed, director de la Universidad Al-Ameen, refiriéndose a Premji, dijo: "Si uno tiene excelencia puede llegar a la cima, y él, es un icono de la excelencia".

Por su corta edad, Azim no tenía gran experiencia en el campo gerencial, pero era un visionario, y esa cualidad, le forjó el corazón de campeón. No importó su edad, mucho menos la condición política de su país, lo que marcó la diferencia fue su ACTITUD, activó su potencial con grandeza y logró conquistar el cielo.

¿Deseas riqueza? Vence los obstáculos sembrados en tu mente, piensa diferente al mundo y habitarás en las alturas. ¡Atrévete! y vivirás de una forma inconmensurable frente a los que se consuelan en el nivel de la mediocridad. Serás lo que decidas ser. Todo está en tus pensamientos, tienes la llave que abre la puerta a las posibilidades. Deja de ver obstáculos y ACTÚA,

Azim Premji

aventúrate a explorar nuevos caminos, si te dicen: "No es posible", ¡Inténtalo! Es mejor decir: "Probé y no funcionó", que vivir bajo la tormenta de la duda, pensando: "¿Qué habría pasado de haberlo intentado?".

Si realmente deseas llegar a la cumbre, explorar las alturas. ¡Llegar al cielo! Debes dejar a un lado los pensamientos que te limitan, abandonar toda clase de excusa y batallar hasta derribar todo obstáculo.

Si rompes las barreras que te atan al conformismo condenándote a la limitación, tu mundo podrá cambiar del mismo modo que se transformó el de Amancio Ortega, Fred De Luca y el de Harland Sanders. ¡Atrévete a ser diferente!

Enfócate en la grandeza y la riqueza vendrá a tu vida.

"Nadie puede construirse el puente sobre el cual hayas de pasar el río de la vida; nadie, a no ser tú."
Federico Nietzsche

"El conformista no vive, es vivido"
Patrocinio Navarro

"El conformismo es el mejor de los disfraces para ocultar el miedo al fracaso"
Carlos Méndez Z

"Cada cual tiene la edad de sus emociones"
Anatole France

"La vida es aquello que suele pasar mientras planeamos el futuro"
John Lennon

"Se tiene la edad que se quiere tener"
Jeam Anouilh

LOS
RICOS
BUSCAN
LAS
ALTURAS

La humanidad se ha desarrollado mostrando una notoria necesidad por conquistar los lugares altos, y es que, ya sea volando, explorando el espacio, caminando sobre la luna, habitando en un rascacielos o escalando una montaña, las alturas siempre han sido símbolo de poder. Por ejemplo, desde el 29 de mayo de 1953, cuando Edmund Hillary y Tenzing Norgay se convirtieron en los primeros individuos en arribar a la cima del Monte Everest, más de 4.000 personas han intentado repetir la aventura, y a pesar de que casi 300 han muerto en su sueño de triunfo, cada día más hombres y mujeres se adiestran para lograr estar cerca del cielo y grabar sus nombres en las páginas de la historia, como lo hizo Min Bahadur Sherchan, un anciano nepalés de setenta y seis años que desafió la naturaleza para convertirse en el hombre de mayor edad que había logrado escalar este espectacular monte de 8.844 metros de altura, récord que fue superado cinco años más tarde por Yuichiro Miura de 80 años.

Hasta el 26 de mayo de 2008, Bahadur Sherchan fue un soldado retirado aficionado a los deportes, un hombre sin gloria, pero, desde el momento que rompió el récord mundial impuesto por Katsusuke Yanagisawa de 71 años, su nombré ocupó titulares en periódicos de todo el mundo, sus videos y fotografías viajaron por el planeta a través de Internet y decenas de empresas querían su imagen para promocionar productos. La popularidad y la riqueza vinieron tras conquistar las alturas, como también ocurrió Yuichiro Miura, quien a pesar de tener cuatro cirugías de corazón y una fractura de pelvis puso sus pies por tercera vez en su vida en la roca más alta del planeta.

De Babilonia a Dubái

Una de las naciones con mayor disciplina y espíritu de progreso que existió, fue Babilonia, considerada la primera civilización de

Bahadur Sherchan

la raza humana. Descubrimientos arqueológicos como el grabado del Código de Hammurabi, hallado por un equipo de exploradores franceses en 1902, dejan ver el impresionante desarrollo cultural y político que lograron cultivar. El conjunto de leyes cinceladas sobre esta piedra gigante, revela una sofisticada estructura social que buscaba la justicia y el respeto como norma de vida entre sus habitantes.

Pero Babilonia no solo se destacó por sus códigos de ética moral y el preciso uso de la geometría, el cálculo, la astronomía, la aritmética y la mecánica, sino que se encuentra entre los imperios de mayor poderío económico, reflejado en sus imponentes zigurat: gigantescas edificaciones que según sus creencias religiosas les permitía estar más cerca de los dioses y así exhibir autoridad y dominio ante los demás pueblos.

Desde entonces, el desarrollo arquitectónico representado en castillos, torres, templos y rascacielos, ha sido emblema de supremacía entre los países. Cada día se fortalece más el interés por elevarse a las alturas como símbolo de superioridad, de hecho, el atentado contra la preponderancia de los Estados Unidos ejecutado el 11 de septiembre de 2001, se consumó destruyendo dos de los más importantes zigurats del mundo, las Torres Gemelas de New York, insignia de la hegemonía económica norteamericana.

Los logros de infraestructura alcanzados por el hombre en la actualidad, deslumbrarían al mejor arquitecto de Babilonia. Construcciones como el rascacielos Shanghai Tower (632 mts), el Abraj Al Bait (601 mts.), el Ping An Finance Center (599 mts.) y la actualmente en construcción Dubái Creek Tower que tendrá 1350 metros de altura, sorprenderían al más osado visionario del antiguo mundo, majestuosas edificaciones valoradas en miles de millones de dólares que fueron posibles gracias a personas con VISIÓN DE GRANDEZA. Seres que oponiéndose a todo pensamiento de imposibilidad demostraron que el hombre puede llegar tan alto como desee porque no existe límite para una mente emprendedora y creativa.

Yuichiro Miura

El potencial de arquitectos como Santiago Calatrava, Marshall Strabala, Adrián D. Smith y Tony Kettle, creadores de algunas de estas majestuosas edificaciones, no es diferente al que posee cualquier ser humano. Ellos simplemente se capacitaron y se atrevieron a creer en GRANDE, sin prestar atención a la condición social, nacionalidad o restricciones físicas, y esto permitió que países como Dubái, Emiratos Árabes, China y Rusia exhibiesen superioridad. Su capacidad para visualizar el futuro de manera sobrenatural ha transformado la estructura social y económica de naciones enteras. Del mismo modo, tú puedes transfigurar el estilo de vida de tu familia, empresa y ciudad, solo debes elevarte al tamaño de un zigurat, teniendo presente que mientras más GRANDE sea la meta, mayor será la posibilidad de triunfo, ya que el universo responde con toda su abundancia a quienes se desafían con proyectos ambiciosos.

Pasar de la pobreza a la abundancia, del anonimato a la gloria, y de la mediocridad al nivel de quienes disfrutan los placeres de la cumbre, es más sencillo de lo que muchos creen, basta con cruzar la frontera que separa la derrota del éxito: una barrera que cada quien se impone con los argumentos fatalistas que instala en su mente. Por esto, toda persona que desee elevarse a la libertad financiera, deberá mantener constantemente una correcta manera de pensar.

Quien piensa en grande se hace grande, quien piensa "es posible" llega al cielo.

Piensa diferente al resto del mundo y vivirás diferente, solamente podrás llegar a aquellos lugares que previamente han sido visitados por tu imaginación, sigue el ejemplo de Adrian D. Smith que, mientras se edificaba su más grande proyecto, el Taipei 101, un monstruo de 508 metros, ya daba libertad a su mente creativa dejándola volar a la cúspide de lo que en 2010 sería el logro más grande de la humanidad, la Torre Burj Khalifa de 828 mts.

En cada rincón del mundo, mientras millones de seres sucumben subyugados por pensamientos de imposibilidad, visiona-

Carlos David y Daniela Méndez

rios como Gu Jianping y Julio Torcello, marcan la diferencia haciendo uso de sus dones y talentos para materializar lo que muchos considerarían ideas absurdas.

Jianping, a pesar de tener en contra los reveses de la mayor crisis financiera de las últimas décadas, dirige la construcción de una torre de 632 metros en Shangai, y Torcello, se propone construir una isla artificial en Río de la Plata para elevar sobre ella el "Buenos Aires Forum", un rascacielos de 200 pisos que medirá un poco más de 1.000 metros.

Nada detiene a los pensadores de GRANDEZA.

Mientras el hombre siga liberando su potencial y haciendo uso correcto de sus capacidades, seremos cada vez más impresionados ante descomunales proezas y podremos disfrutar de mejores edificaciones, pues la demostración de poder que comenzó aproximadamente 7.000 años antes de la era cristiana con la construcción de los primeros zigurats, solo se detendrá el día que logren limitar la fuerza creadora que hay en cada ser.

Humanamente no hay límites para una mente emprendedora. Sea para escalar al lugar más alto del planeta o construir un edificio de medidas descomunales, el ser humano tiene poder para hacer realidad cualquier meta que se proponga, como dijo Wayne Dyer: "El cielo es el límite".

Visionario del siglo

En junio del 2000, un excéntrico millonario amante de las alturas recibió el premio "Visionary of the Century" (Visionario del Siglo) por su gran visión y contribución al desarrollo mundial. Se trata de Donald J. Trump, un ser inconforme que siempre está en movimiento con la idea de hacer crecer su riqueza.

A pesar de contar con una fortuna superior a los 2.700 millones de dólares y ser propietario de la Organización Miss Universo, lujosos campos de golf, ostentosas mansiones, importantes hoteles, casinos y rascacielos entre los que se encuentran el Trump Taj Mahal Casino Resort, el Trump Plaza Hotel & Casino, la Trump Tower de New York y la Trump World Tower de Manha-

Donald Trump

ttan donde viven celebridades como Bill Gates, Sophia Loren y Harrison Ford, seguía trabajando incansablemente con la visión de llegar cada vez más alto, inmerso en la ejecución de importantes proyectos como la construcción del Palm Trump International Hotel and Tower en Dubái, el Trump Ocean Club en Ciudad de Panamá y el Villa Trump International Golf Club en Brasil, hasta el 2016 cuando se convirtió en presidente de los Estados Unidos.

Trump es un "visionario" envidiable que ha utilizado sabiamente su Quickening para convertirse en dueño de algunos de los más valiosos e importantes zigurats del mundo.

Aun cuando este personaje no proviene de la pobreza, como Sarah Breedlove, Julián Slim, Anoussha Ansari y la mayoría de los hacedores de riqueza mencionados en este libro, es un hombre que sabe sobreponerse a la crisis económica. A principios de los años noventa del siglo pasado, fue declarado en bancarrota por no poder cubrir deudas superiores a los 9.000 millones de dólares con 99 bancos, ante tal situación, fue obligado a vender su avión Boeing 727, el helicóptero y el Trump Princess, un yate de 85 metros que había comprado al multimillonario Adnan Kashoggi. Los medios amarillistas encontraron en su caída un buen pastel para el festín. Era la noticia perfecta para vender periódicos, uno de los ricos más excéntricos y emblemáticos del Siglo XX era exhibido como un fantoche, decenas de reporteros y analistas carcomidos por la envidia disfrutaban la caída de un gigante, parecían no entender que los problemas de la pobreza no se combaten haciendo que los ricos pierdan, sino motivando a los pobres para que comiencen a ganar. Pero Trump, ignorando comentarios, burlas y críticas, volvió al ataque y retomó el puesto de triunfador que le correspondía. Su resurgir se convirtió en una lección para todos los que desean alcanzar la cumbre, pues no es digno de glorias quien nunca ha caído, es digno de admiración y respeto aquel que habiendo caído ha sido capaz de volverse a levantar.

Donald Trump solo había perdido dinero, pero su visión de

grandeza siempre permaneció en él y esto fue más que suficiente para volverle a catapultar a lo alto, a la ocupación de su
Everest.

A finales de esta misma década, sobre el imponente puente Tri-
borough que conecta a New York con Manhattan, una gigantes-
ca valla publicitaria exhibía el rostro del magnate de los bienes
raíces, y bajo su quijada cinco letras conformaban la palabra
TRUMP, sentenciando el regreso de un coloso de las finanzas.

El estado de derrota fue pasajero, pues una persona con mentalidad de GRANDEZA jamás podrá permanecer postrada.

Para exhibir los laureles del triunfo, Trump convocó a periodistas de los principales medios de comunicación del mundo, y en
su apartamento de 700 mts2 ubicado en el piso 52 de su nueva
torre de cristal, presentó el libro "El Arte del Regreso" una
bofetada a quienes le habían ridiculizado. Los titulares de los
periódicos cambiaron, no tenían más opción que exaltar la as-
tucia con la que Donald había vencido la adversidad para regresar a la cumbre.

En ocasiones se puede perder, pero las riquezas del universo
son infinitas y siempre terminarán en las manos de aquellos
hombres y mujeres que caminan con espíritu emprendedor, visionarios capaces de ver jardines, parques y edificios donde los
demás ven desolación, miseria y problemas. Entonces, sin importar cuántas veces has intentado triunfar sin obtener los
resultados deseados, tu vida puede elevarse a la GRANDEZA,
recuerda que del tamaño de tus sueños será el tamaño de tus
logros.

¡Atrévete a construir tu zigurat! Si Trump pudo levantar un imperio después de haberlo perdido todo, y partiendo de una crisis en la que adeudaba 9.200 millones de dólares llegó a ser un
famoso milmillonario, ¿Qué impide que tú construyas un zigurat en la cima del Everest? Tienes todo lo que necesitas para ser
GRANDE, si decides conquistar las alturas nada podrá detenerte.

Conviértete en un zigurat y las riquezas vendrán sobre tu vida.

El zigurat más importante

Donald Trump, en sus publicaciones y discursos ha revelado que una de las principales razones por la que ha logrado escalar a la cumbre, se debe al alto concepto que tiene de sí mismo, él se considera un ser espectacular, y no es nada tímido a la hora de manifestarlo. En su libro "How to Get Rich" (Cómo hacerse rico) dice: "Si lo que haces vale la pena, no tengas miedo en darte a conocer. La modestia y la discreción están bien para las monjas y los psicólogos, pero si estás metido en el mundo de los negocios, será mejor que aprendas a hablar en voz alta y anunciar tus logros al mundo". Un agresivo consejo que se encuentra muy distante de lo que han enseñado algunas religiones.

Existe una amplia colección de pensamientos que tergiversan el verdadero concepto de la humildad, hay quienes se hacen estúpidos pretendiendo ser humildes, y esto les ha llevado a subestimar el valor de sus vidas, talentos, dones y capacidades. El apóstol Pablo, en su epístola dirigida a la iglesia de Roma aconsejó: "No tengas más alto concepto de ti mismo que el que debes tener", es decir, dale a tu vida el valor que merece, ya que un bajo nivel de autoestima te hará mediocre, pero una sobrevaloración te convertirá en un ser déspota y arrogante.

Para triunfar debes verte como un ser GRANDE, acorde a la realidad de lo que eres, pues te será humanamente imposible llegar alto mientras dudes de tus capacidades. Para elevarte al nivel de un rascacielos primero debes tener la autoimagen del tamaño de un zigurat.

Una película infantil que con mucha frecuencia recomiendo a mis alumnos es "Chicken Little", primer largometraje de animación creado totalmente en computadora, dedicado a la memoria del guionista y dibujante Joe Grant, padre de personajes inmortales como Dumbo y Alicia en el País de las Maravillas.

El film se basa en la historia de un pollito que vivía lleno de optimismo a pesar de ser víctima del desprecio. Cada mañana, sin importar las burlas y estigmas que sobre él se lanzaban, se re-

Joe Grant

petía "Hoy es un nuevo día", con la esperanza de lograr el cambio.

Una de las más conmovedoras escenas es cuando Chicken Little lleno de motivación trata de compartir un sueño de GRANDEZA con su padre, este le interrumpe para decir: "Hijo solo hazme un favor, procura que tus esperanzas no lleguen tan alto". Un duro golpe emocional, directo a la autoestima de un pequeño que procuraba ganar el respeto y la admiración de quien en ese momento le hería haciéndole parecer un incapaz.

Al igual que Chicken Little, millones de personas viven condenadas a las vicisitudes de la pobreza como consecuencia de los improperios o las amargas experiencias vividas en el pasado, situaciones que lograron limitar su capacidad de soñar y afectaron negativamente su autoestima, elemento imprescindible para conquistar las alturas.

Cuando una vivencia dolorosa logra anclarse en un ser humano como si fuese un presente infinito, termina por intimidarlo con un eterno sentimiento de temor, coartando así su fe y obligándole a vivir en el mundo de lo cotidiano, donde jamás se ven milagros, donde lo sobrenatural es inexistente. Pero aquellas personas que, al igual que Chicken Little o Donald Trump, no temen en convertirse y exhibirse como un zigurat, terminan por elevarse sobre el nivel de lo común, se encumbran en el monte de lo posible.

Un correcto nivel de autoestima te convertirá en una persona segura, capaz y triunfadora. Si te consideras inferior o incapaz, lo proyectarás ante los seres que te rodean, carecerás de respeto, y menospreciarán tus ideas, en consecuencia, nunca dejarás de caminar en el nivel de la mediocridad. Desde el mismo momento en que te pares frente a un espejo para convencerte de que eres diferente a todos los que te rodean y por lo tanto mereces una mejor vida, se derramará la abundancia del universo para elevarte a la GRANDEZA.

¡Tu vida será diferente!

¡Vivirás como mereces vivir!

"Así como el mundo visible se sostiene por fuerzas invisibles, el hombre, entre todos sus juicios, pecados y vocaciones sórdidas, se nutre de las visiones de belleza de sus soñadores solitarios"
James Allen

"Cambie de actitud para ganar altitud. Créame, le encantará estar aquí arriba"
Donald J. Trump

"El ser humano que se levanta, aún es más grande que el que no ha caído"
Concepción Arenal

ATADURAS
QUE
MATAN

Entre los personajes más tenebrosos que vivieron durante el Siglo XX, destaca Aleister Croweley, considerado "el hombre más perverso del mundo". A pesar de que su padre, un evangelista protestante, le instruyó en la doctrina cristiana fundamentalista, terminó siendo uno de los principales maestros del oscurantismo.

Por sus habilidades para descubrir los más guardados secretos de la magia negra y el ocultismo, fue nombrado Gran Maestre de la OTO (Orden Templaria Oriental) en Gran Bretaña e Irlanda, un movimiento creado por Carl Kellner, quien basó sus prácticas y enseñanzas en artes arcanas como la hechicería, el simbolismo, la alquimia y el sortilegio sexual.

Además de haber escalado a las más importantes posiciones de liderazgo dentro de esta secta, Croweley, inspirado en un pensamiento no cristiano y antisemita, fundó una especie de hermandad que denominó Astrum Argentum (Estrella Plateada) donde se realizaban todo tipo de rituales, incluso fue acusado de sacrificar seres humanos y enterrar sus cuerpos en el cementerio adjunto a su vivienda ubicada a orillas del Lago Ness. En sus enseñanzas frecuentemente repetía: "Construiré un cielo nuevo y una nueva tierra, con blasfemias, asesinatos, violaciones y todo acto que refleje maldad. El ser humano solo debe ser guiado por su voluntad y hacer lo que le plazca".

Crowley escribió varios ensayos, artículos, narraciones, poemas e historias, pero de todas sus publicaciones, "El Libro de la Ley" es considerada la obra de mayor importancia, una especie de manual de tres capítulos que, según él, le fue dictado por una entidad preterhumana llamada Aiwaz, en un encuentro sobrenatural.

Las enseñanzas de Croweley han sido difundidas en todo el mundo, hallando sus principales seguidores en jóvenes deso-

Aleister Croweley

rientados, inspirados en muchos casos por estrellas del espectáculo como Ozzy Osbourne, Marilyn Mason, Led Zeppelin y The Beatles, quienes incluyeron su imagen en la carátula del disco "Sgt. Pepper's Lonely Hearts Club Band" (1966) considerada por algunos críticos como la producción de rock más deslumbrante de todos los tiempos.

Entre los discípulos de este enigmático y escalofriante ser, desfiló uno de los íconos de la literatura y el desarrollo humano de nuestra época. Un ser que a pesar de tener un pasado lleno de dolor y "vergüenza", para el año 2017 había vendido más de 200 millones de libros traducidos en 70 idiomas, convirtiéndose en uno de los personajes más influyentes de este siglo: Paulo Coelho, el Alquimista de la Palabra.

Pero la incursión de Coelho en el ocultismo y la hechicería no es el único suceso turbio de su pasado. Por sus repetidas manifestaciones de desorden conductual, como haber degollado una cabra en un extraño ritual, fue recluido tres veces en un centro psiquiátrico. Allí recibió orientación y terapias de electrochoque, tratamiento que no contribuyó al mejoramiento, muy por el contrario, elevó su rebeldía, lo cual le condujo al movimiento anarquista hippie donde consumió de forma desenfrenada todo tipo de drogas e incursionó en la homosexualidad tratando de descubrir su verdadera inclinación sexual; un caminar muy al estilo Aleister Crowley quien escandalizó a la sociedad británica por sus excesos con las drogas y el sexo, tanto, que su propia madre llegó a llamarle: "la bestia".

Cualquier persona, al estudiar la vida de un hippie que fue drogadicto, vago, ocultista, nómada, rebelde y juerguista, podría predecir un trágico final. Y es que ciertamente, un Individuo subyugado por un pasado así debió terminar tras las rejas de una cárcel, interno en un manicomio o mendigando en las calles como un vagabundo, pero no Coelho, quien adoptó un pensamiento adverso al paradigma de muchos profesionales que afirman: Quien pasa los primeros años de su vida rodeado de antivalores y desorden moral, difícilmente llega a ser útil y exitoso; y se aventuró a la reconstrucción de su pasado para convertirse en uno de los escritores más leídos en la historia de la literatura, galardonado con los títulos honoríficos como "Mensajero de la Paz" de la ONU, "Embajador de la Unión Europea para el Diálogo Intercultural", "Miembro del Instituto para la Paz Shimon Peres", "Consejero Especial de la UNESCO", "Miembro de la Academia Brasileña de las Letras", "Miembro de la Fundación Schwab para el Espíritu Empresarial", y laureado con importantes premios como la "Distinción de Honor de la Ciudad de Odense" (Hans Christian Andersen Award 2007), el "Crystal Award World Economic Forum" (1999), la "Order of Honour of Ukraine" (2004), el "Golden Bestseller Prize" (2004) otorgado por el periódico Večernje Novosti, "The Budapest Price" (Hungría 2005), las "Pérgolas Price" (2006) de la Asociación de Libreros Mexicanos, entre muchos otros premios y reconocimientos como el honor que recibió en el 2017 cuando la Fundación Albert Einstein le nominó como uno de los 100 visionarios más importantes del siglo.

Paulo Coelho soltó el pasado, y esto le permitió elevarse sobre el nivel de la mediocridad. Bien pudo sumergirse en un sinfín de torturas psicológicas, odios y remordimientos del ayer, y condenarse a vivir en dolor, miseria y soledad, pero ACTUÓ con la actitud de triunfador, tomó los desaciertos, y los convirtió en útiles lecciones que hoy inspiran a la humanidad a un mejor vivir.

A la edad de 39 años retomó el sueño de su infancia: "escribir", y este nuevo rumbo le permitió ser un hombre próspero que, junto a su esposa, la artista plástica Christina Oiticica, disfruta de una fortuna millonaria que le ha permitido mudarse al corazón de Ginebra para vivir cómodamente al pie del Lago Lehman en una lujosa cabaña con una espectacular vista a los Alpes. Coelho considera que el dinero no es más que "una abstracción que da la capacidad de hacer lo que nos da la gana", por ello no se ha limitado en invertir gran parte de sus ganancias para ayudar a cientos de desfavorecidos por medio de sus fundaciones en América y Europa, además de construir un hospital en Bahía (Brasil) el mismo lugar donde un día fue socorrido por una monja que le dio dinero para que pudiese comer algo.

En su obra del 2018 "Hippy", Coelho cuenta sus experiencias y hace énfasis en una filosofía que le ha acompañado gran parte de su vida: "Siempre es preciso saber cuándo se acaba una etapa... Si insistes en permanecer en ella más allá del tiempo necesario, pierdes la alegría. Puedes pasar mucho tiempo de tu presente, revolcándote en tratar de entender por qué sucedió tal o cual cosa. El desgaste va a ser infinito porque en la vida, todos estamos abocados a ir cerrando capítulos, a pasar la hoja, a terminar con etapas o con momentos de la vida y seguir adelante".

Ataduras del pasado

Antes de la Declaración Universal de los Derechos Humanos (1948), cuando las sociedades europeas y americanas comercializaban hombres y mujeres como presas de mercado, era común ver personas sometidas con cadenas, carlancas, y grilletes realizando tareas forzosas, trato que también recibían los prisioneros, quienes, obligados por el Estado, debían construir edificios y carreteras arrastrando pesadas ataduras que les impedían escapar.

Estos inhumanos instrumentos de opresión representaban cautividad: ausencia de libertad. Cualquiera, al ver un individuo sujeto con piezas de hierro, podía entender que se trataba de un ser sin derechos, y mucho menos albedrío para elegir cómo o dónde vivir.

La Organización de las Naciones Unidas (ONU) y decenas de instituciones afines, han ejecutado millonarias campañas para impedir que más personas sean sometidas a esclavitud, servidumbre o tortura, pero, considerando la pobreza como un estado que veja y causa tormento a la humanidad, el trabajo será incompleto, a menos que se rompan las cadenas de la miseria, y para esto, cada ser debe renunciar al dolor que producen los

Paulo Coelho

malos recuerdos.

A diario conozco gente que sueña con ser libre, pero su inca-pacidad para soltar o modificar la sensación de vergüenza y dolor que producen algunas experiencias del pasado, les obliga a caminar arrastrando cadenas de tristeza, martirio y escasez.

En esta condición conocí a Manuel, un hombre de nobles senti-mientos que deseaba lo mejor para su familia, pero por más que trabajaba duro con el deseo de proveer estabilidad y confort, no lograba materializar este objetivo. Cuando vino por primera vez a mi oficina, estaba totalmente abatido, parecía un infeliz condenado al cepo de la desgracia. Por diez años había perseguido la riqueza ocupándose de diversos oficios en seis ciudades diferentes. Llegaba a un lugar, iniciaba un negocio, y al no recibir los resultados deseados, cerraba para emigrar a un nuevo pueblo.

Nunca olvidaré una frase que dijo mientras narraba aquella historia llena de llena de infortunios: "Parece que la buena suerte huye de cada lugar que visito".

Luego de la terapia, entendió que el éxito no es cuestión de azar o geografía. Le ayudé a comprender que todo lo recibido era el fruto de su pésima relación con el pasado. Al igual que millones de personas que viven en crisis, había llevado su vida tratando de diseñar un futuro en bendición, restando impor-tancia a la necesidad de reconstruir las experiencias vividas.

Mientras lo escuchaba, recordaba la manera como aprendí a reencuadrar mis recuerdos; una experiencia que ha servido para edificar muchas vidas.

Cuando recibí la noticia de que nacería Carlos David, determiné ser un "súper papá". El conjunto de nuevos sentimientos que embargaban mi ser al pensar que se estaba formando mi pri-mer hijo, me motivaban a pensar en grande. ¡Quería conquistar el mundo para ponerlo a sus pies!

Como mi infancia estuvo rodeada de ciertas limitaciones, y no deseaba repetir tal situación en mi descendencia, me entregué enérgicamente a mi trabajo. Tomé dos créditos bancarios, abrí una empresa, y para asegurar el éxito financiero, laboraba hasta quince horas diarias; nada podía impedir que fuese el mejor proveedor, no quería que mi hijo experimentase lo que siente un infante cuando desea un juguete, y su padre no tiene dinero para comprarlo. Luego advertí que este fue mi primer error: enfoqué el futuro pensando en lo que no quería, basado en argumentos de dolor, en lugar de planteármelo placenteramente, visualizando las cosas que sí deseaba.

El negocio comenzó a crecer rápidamente, pero cuando parecía venir el mejor momento, la historia cambió. Un par de inversiones equivocadas y una crisis bancaria que enfrentó el país, me llevaron a la quiebra. Todo se vino abajo estrepitosamente, la maquinaria fue embargada, los proveedores suspendieron las líneas de crédito, las ventas se redujeron en un 80%, así que me vi obligado a cerrar perdiendo una gran fortuna. Despedí a las sesenta y tres personas que trabajaban a mi lado, y fui a casa arrastrando las pesadas cadenas de las deudas. Pero el problema no quedó allí, algunos familiares habían puesto dinero en este proyecto, y al no poder recuperar su inversión se molestaron, así que la crisis superó lo económico. A diario recibía presión de los bancos, acreedores, socios y empleados despedidos, y en medio de todo esto, mi segundo hijo estaba por nacer. ¡Qué difícil momento! Realmente quería desaparecer, pero no pude hacerlo, así que pasé los siguientes cinco años reconstruyendo mi vida, y lo más doloroso: viendo crecer a mis hijos abarrotados de necesidades que no podía cubrir.

Luego de publicar mi segundo libro, me fui a la playa. A pesar de que materialmente todo había mejorado, la sensación de fracaso me visitaba con frecuencia, limitando mi creatividad y ganas de soñar. Una tarde contemplaba la puesta del sol, y mientras meditaba en todo lo que había ocurrido, pregunté a Mary: "¿Cómo sería nuestra vida si no hubiese quebrado aquel negocio?" Ella, sin pensar mucho, respondió: "Cómo viviríamos no lo sé, pero estoy segura de que no tendrías mucho que escribir en tus libros". ¡Esas palabras cambiaron mi vida! Desde aquel momento dejé de sufrir por los errores que cometí en mi primer intento de éxito empresarial. ¡Ahora me sentía exitoso por haber fracasado! Gracias a este error estaba ocupándome de un oficio que me producía verdadera pasión: escribir. Los hechos del pasado seguían igual, pero mis sentimientos de culpa habían desaparecido. ¡Era un hombre libre!

Al terminar de contar mi historia, Manuel inspiró con fuerza y sonrió. Su mirada me transmitía seguridad, parecía convencido de poder sobreponerse a los errores y traumas del pasado.

El constante fracaso de Manuel estaba ligado a la relación con su padre, a quien amó y admiró en gran manera. Cuando le pedí que me hablase de él, bajó el rostro y mirando una de las hojas que suelo poner sobre el escritorio para apuntar detalles de la terapia, me dijo: "Papá fue un hombre que vivió rodeado de sacrificios. Pasó parte de su vida esforzándose para facilitarnos el camino, un modelo digno de ser imitado. Cuando cumplió cuarenta años le diagnosticaron cáncer gástrico causado por anemia perniciosa. A pesar de no tener dinero para comprar los medicamentos que aliviarían el dolor, nunca le escuché quejarse, siempre se veía sereno..."

Se detuvo para secar sus lágrimas, tomó un sorbo de té, y concluyó diciendo: "La enfermedad fue inclemente con él, murió en navidad".

Su relato me conmovió. Era muy dramático imaginar que mientras la humanidad celebraba la nochebuena en medio de regalos y comida, un pequeño, que apenas cumplía catorce años, acompañaba el cuerpo sin vida de su padre en la frialdad de una capilla velatoria.

En aquel momento Manuel no logró comprender lo sucedido, le parecía injusto que un hombre bueno, respetuoso y trabajador, tuviese un final tan cruel, así que se enojó con Dios, y por mucho tiempo rengó contra la riqueza y la religión.

Entre las muchas cosas que comentó en aquella entrevista, dijo: "Cada vez que abro un negocio, y comienzo a ganar dinero, me siento mal al pensar que mi padre murió sufriendo por

no tenerlo. Seguidamente las cosas comienzan a salir mal".
Estas palabras revelaron la raíz del problema: Manuel sentía
que traicionaba la memoria de su padre si se hacía rico, tenía
negado ser mejor que aquel modelo de la infancia. Además, por
haber asociado la muerte de su padre con la escasez económica, había iniciado un proceso de odio y enemistad con el dinero; este ciclo debía ser cerrado, o estaría condenado para
siempre a vivir en pobreza.

Le miré a los ojos y con autoridad dije: "Recuerda que tu papá
se esforzó por suministrar lo que ustedes necesitaban para
tener un poco de felicidad. Es decir, que los momentos más
placenteros de su vida fue cuando tuvo dinero. Tú dices que es
un modelo digno de ser imitado, entonces hazlo, comienza a
disfrutar todo lo que llegue a tus manos, del modo que él lo
hizo..." Luego de escucharme vislumbró que el dinero no tenía
la culpa de lo ocurrido, y de un modo casi mágico, replanteó su
pasado y en consecuencia cambió el futuro. Su rostro se llenó
de luz, estaba conectándose nuevamente a las ganas de vivir.
Al salir de la consulta, retomó su proyecto, y nunca más le fue
necesario hacer maletas para probar "suerte" en un nuevo lugar.

Es muy fácil encontrar personas que, como un día lo hizo Manuel, caminan en derrota llevando las pesadas cargas del pasado. Si analizamos sus vidas, no necesitamos ser expertos en
temas psicológicos o sociales para darnos cuenta que su estado
se debe a la actitud con la que se anclaron en el mar de la
desdicha, sufriendo repetidas veces una misma situación. No
sueltan la culpa, ni la sensación de fracaso, por esto viven en la
cárcel de los recuerdos, ajenos a la prosperidad.

Efectivamente nadie puede cambiar lo ocurrido, pero sí está en
sus manos modificar la manera como lo interpreta.

Luego de cerrar mi empresa, con el mal sabor de la derrota, me
sentí torpe, y esa sensación de dolor, me acompañó hasta el
momento en que mi esposa sabiamente dijo aquellas mágicas
palabras. Ella no cambió la historia, pero provocó un cambio en

mi modo de recordarla. Ahora estaba feliz de haber tropezado, de lo contrario "no tendría mucho de qué hablar en mis libros", y aquel sueño de ser escritor tal vez nunca se habría consumado.

En la vida tenemos dos opciones: llorar lo vivido o vivir en grande, gracias a lo aprendido en medio del caos. Una de ellas te llevará a la abundancia, y solo tú la puedes elegir.

Paulo Coelho y mi amigo Manuel, cambiaron sus vidas el día que soltaron el pasado y comenzaron a interpretarlo como un proceso de aprendizaje necesario para alcanzar la GRANDEZA.

Si insistes en vivir atado a hechos del pasado, alimentarás el espíritu de derrota, lo cual debilitará tu capacidad para crear nuevos y mejores escenarios. Sergio Allan Villareal dice: "No romper con las rutinas de desgaste que nos mantienen enganchados a los recuerdos y emociones desagradables, puede ser la razón que impide un cambio significativo en nuestra calidad de vida". ¡Muy cierto! El pasado fue un proceso de formación que, si bien lo sabes manejar e interpretar, te dará la sabiduría para escalar la cumbre.

¿Conoces a algún profesional que viva sufriendo por la prueba de anatomía o cálculo que reprobó? ¡No! Ese mal momento simplemente sirvió para descubrir que debía estudiar más. Para elevar tu mundo al nivel de la excelencia, debes tomar toda situación que produjo dolor y reencuadrarla dándole una connotación de placer, sumando los tropiezos como parte necesaria del crecimiento, de lo contrario seguirás viviendo igual. La manera como hoy vives es el resultado de lo que hiciste, pensaste y sentiste en el pasado. Hoy estás escribiendo un nuevo pasado, y este dará como resultado un determinado presente condicionado a lo que hoy haces, piensas y sientes; entonces: cambia la manera como interpretas lo ocurrido, y cambiarás la manera de vivir.

Recuerda que toda moneda tiene dos caras, ¿No te gusta la que viviste? ¡Voltéala! ¡Tienes poder para modificar cualquier escenario!

"Estudia el pasado si quieres pronosticar el futuro"
Confucio

"Cuando decimos que todo tiempo pasado fue mejor,
condenamos el futuro sin conocerlo"
Francisco De Quevedo

"Solo cerrando las puertas detrás de uno
se abren ventanas hacia el porvenir"
Sagan

"El futuro nos tortura y el pasado nos encadena.
He aquí el por qué se nos escapa el presente"
Gustave Flaubert

"Las antigüedades son el único campo
en el que el pasado tiene aún futuro"
James Harold Wilson

"La vida es un rompecabezas, cuando se sabe armar, descubrimos
que todas las piezas cuadran,
y es hermoso ver lo que va resultando"
Maryale Méndez

BUSCADORES DE TESOROS

Las historias, mitos y leyendas sobre tumbas y tesoros perdidos, han sido fuente de inspiración para escritores, cineastas, cronistas y buscadores de fortuna. La exuberancia de los mausoleos donde solían ser sepultados reyes y faraones, el oro hundido junto a muchos barcos destruidos en alta mar, y los baúles llenos de joyas enterrados por algún pirata, despiertan el interés de casi toda la humanidad, inspirándoles a soñar con la tan anhelada libertad financiera.

En las últimas décadas, arqueólogos, historiadores y poderosos cazafortunas, han destinado considerables sumas de dinero para adquirir sofisticada tecnología que facilite hallar la ubicación de estas riquezas. Tal fue el caso de Kravitz Maury, quien invirtió más de cuatro millones de dólares y cuarenta años de su vida, intentando hallar la tumba de Genghis Khan, fundador del primer imperio mongol y uno de los conquistadores más grandes que ha existido.

Sería ingenuo pretender calcular el valor de las vastas fortunas que se encuentran ocultas en todo el planeta, por ejemplo, los 5.000 millones de dólares, representados en ciento diez toneladas de oro y plata, transportados por el galeón "San José" al momento de su naufragio en las costas colombianas en 1708; o los 100.000 lingotes de oro y 400 barras de plata que se hundieron en el Merchant Royal el 23 de septiembre de 1641 en el Canal de la Mancha.

Tan solo entre España y la Barra de Gibraltar en Gran Bretaña, se calcula que hay tesoros ocultos por un valor superior a los 160.000 millones de dólares, con lo cual podría pagarse la deuda externa del 50% de los países de Sur América.

Los tesoros perdidos han despertado todo tipo de pasiones en quienes sueñan con poseerlos. Cada historia o leyenda hace que el hombre eleve sus deseos de conquista e imagine una vida excelsa y placentera.

De esas fortunas, una de las más codiciadas, es la de Oliver Levasseur, quien, al momento de su muerte en la Isla Bourbon, lanzó al público un criptograma de 17 líneas y gritó: "¡Mes trésor á qui saura comprendre!", es decir, "Mis tesoros para quien lo comprenda". Un texto en clave, que a la fecha sigue sin descifrarse, manteniendo oculta una incalculable riqueza.

Levasseur, fue un diestro guerrero de los mares. Su gran reputación le convirtió en uno de los más confiables defensores de la corona francesa, al tal nivel, que llegó a recibir una patente de corso, lo cual le permitía actuar a su antojo con tal de proteger las fortunas que se transportaban por todo el mar. Pero la codicia encontró lugar en su corazón, traicionó al rey, y se dedicó al saqueo de aquellos barcos que debía proteger, así se convirtió en el "Pirata La Buse", uno de los más aterradores ladrones de naves portuguesas y francesas en todo el Océano Índico.

El ataque al barco "Nuestra Señora del Cabo", en 1721, es considerado su mayor hazaña. La riqueza incautada en esa incursión fue tan grande, que quiso negociar parte de la fortuna con el rey Luis XIV, a cambio del indulto y un permiso para pasar el resto de su existencia en la Isla de Madagascar. Propuesta que generó mayor indignación en el gobernante, por lo cual, ordenó intensificar la persecución, y su muerte en la horca.

Además de Levasseur muchos otros piratas hicieron riqueza atacando galeones. Las descomunales fortunas que se transportaron durante el tiempo de las colonias, llamaron la atención de muchos marineros amantes del riesgo y el buen vivir, fortaleciendo la "piratería", práctica delictiva que se venía ejerciendo en escala menor, desde el tiempo de los fenicios.

Según archivos del gobierno español, entre 1492 y 1754, en la ruta que conecta a Cuba con Europa, se transportaron cerca de 164.500.000 pesos de oro. La movilización de tal riqueza, sedujo a corsarios de todo el mundo, atrayendo a famosos filibusteros como Francis Drake (Inglaterra), Juan Davis Nau (Francia),

Laurent Graff (Holanda), y el más temido de la época: el cubano Diego Grillo conocido como el Pirata Negro.

Muchas de las naves utilizadas para trasladar este oro, junto con joyas, metales y piedras preciosas, fueron atacadas, saqueadas y destruidas mientras navegaban, de las cuales, se estima que cuatrocientas se hundieron antes de que sus agresores lograsen extraer la carga, por esto permanecen en el fondo del mar junto a sus tesoros.

En la actualidad, muchos hombres ansiosos de cambiar el curso de sus vidas, se dedican a buscar riquezas perdidas, logrando, en algunos casos, hacerse de grandes fortunas y contribuir con el estudio de la historia al aportar evidencias que confirman o revelan hechos del pasado.

En 1969, Mel Fisher emprendió la búsqueda de los restos del barco "Nuestra Señora de Atocha", que se hundió en 1622 con 265 tripulantes a bordo y una cuantiosa fortuna. Tras dieciséis años de perseverante trabajo, y habiendo superado la pérdida de Dirk, su hijo mayor, quien murió junto a su esposa en 1975, al volcarse el barco en el que se transportaban; el 20 de julio de 1985 terminó la exploración cuando logró extraer en las costas de Florida, un tesoro que contenía 180.000 monedas de plata, 582 lingotes de cobre, 125 barras de oro, 24 toneladas de plata en lingotes, 350 cofres de índigo, 1.200 piezas de plata trabajada, 20 cañones de bronce y diversas joyas como un cáliz de oro valorado en 500.000 dólares, dos exóticas perlas con un valor de 350.000 dólares, una cruz de oro con esmeraldas que había regalado el rey Felipe V de España a Elizabeth Farnese duquesa de Palma, un cinturón de oro sólido, una cadena de oro de 3,17 kilogramos, multitud de esmeraldas y un impresionante cristal hexagonal virgen de 77 quilates, todo esto valorado en 400 millones de dólares. El descubrimiento de Fisher no solo le permitió vivir como un millonario explorador, también ha servido para demostrar cómo los conquistadores europeos extraían las riquezas de América dejando muerte y pobreza a su paso. Kim Fisher, heredero de las 30 empresas que dejó Mel al

Mel Fisher

morir a los 76 años en 1998, asegura que aun en los restos del barco se encuentra la mayor parte del tesoro, la cual podría alcanzar un valor superior a los 500 millones de dólares.

Para permitir que la humanidad tenga contacto con el pasado, se creó, en Florida, el "Mel Fisher Maritime Heritage Society Museum", donde cada año, algunas 200.000 personas consiguen ver parte de las maravillas extraídas del mar. Así mismo, años más tarde, el profesor Joel Ruth, dejó de enseñar historia para hacerse parte de ella, decisión que le llevó al encuentro del barco "Nuestra Señora de Magdalena", desaparecido en la costa norte del Ecuador (1612) con un tesoro valorado en 1.000 millones de dólares.

Durante el Siglo XVI, los comerciantes y traficantes de metales y piedras preciosas, establecieron un recorrido que nacía en Sur América, conocido como "El Embudo de la Ruta del Oro". Los bienes que se extraían, principalmente de Bolivia y Perú, eran llevados en barco de Lima a Panamá, de allí, los cargaban en bestia hasta las Costas del Atlántico para ser depositados en grandes embarcaciones encargadas de transportarlos hasta puertos europeos. Esta era la bitácora que debió seguir el barco "Nuestra Señora de Magdalena", pero ante un posible ataque de piratas, su capitán buscó una diferente alternativa de navegación, por esta razón, la nave encalló en un banco de arena y terminó hundida junto a una fortuna que se mantuvo oculta por 394 años.

Joel Ruth comenzó su odisea en una biblioteca, estudiando antiguos y desgastados documentos escritos por el cartógrafo William Hacke, seguidamente, emprendió un viaje de treinta y dos días en el "Nautilus", nombre que le dio a su nave en honor al submarino inventado por el capitán Nemo en las novelas de Jules Verne. Invirtió todo el dinero que poseía, y arriesgando su vida y reputación como historiador, se lanzó al encuentro de una fortuna que le permitirá seguir buscando tesoros en cualquier parte del mundo.

El principal tesoro

A pesar de que todos los habitantes del planeta tienen el poder necesario para combatir el flagelo de la pobreza, millones de seres humanos viven asechados como débiles presas, incapaces de conseguir un nivel óptimo de vida que incluya salud, paz, libertad financiera, conocimiento y armonía familiar. Se estima que, en el mundo, cada día mueren 53.000 personas a causa de enfermedades que podrían ser tratadas con poco dinero, 821 millones de niños van a la cama sin comer, lo cual les genera trastornos metabólicos, diabetes, deficiencia cognitiva y desnutrición; 134 millones de jóvenes menores de diecisiete años son privados del derecho a la educación, viéndose obligados a ejercer trabajos donde son explotados, recibiendo pagos inferiores a cinco dólares por semana. Cifras que podrían ser revertidas si cada individuo fuese instruido y educado para hacer uso de sus capacidades como principal fuente de riqueza.

No hay una sola persona que al nacer haya sido privada de dones y talentos especiales. Todos, sin excepción, incluyendo a quienes nacen con alguna discapacidad física, hemos sido premiados con el talento y la creatividad necesaria para producir dinero. La creatividad no es un privilegio de pintores, poetas, cineastas y artesanos. Un médico que genera una idea para salvar la vida de su paciente, es un creativo, como también lo es el agricultor que diseña una siembra para aprovechar al máximo sus tierras, o el ama de casa que inventa diferentes maneras de cocinar y así rendir los víveres y mantener satisfecho el paladar de su familia. ¡Todos somos creativos! La creatividad es un don de todos los seres humanos, con ella, podemos explotar el más grande tesoro y elevarnos al nivel de vida que hemos soñado.

Richard Greswell, conocido como el fabricante de ilusiones más cotizado de Chile, es un ingenioso y arriesgado aventurero, que cada año disfruta de unas divertidas vacaciones playeras con toda su familia. ¡Sin gastar un centavo de su dinero! Al salir de casa, siempre lleva consigo un detector de metales que le permite encontrar joyas y monedas enterradas en la arena, el dinero que logra juntar al vender el botín, le es suficiente para veranear hasta por dos meses sin preocupaciones. Greswell es un perspicaz diseñador de equipos detectores de metales, posee su propia fábrica y ofrece asesoría a buscadores de minas y tesoros, aun cuando goza de los recursos necesarios para pagar la cuenta del hotel, no utiliza su tarjeta para viajar por las costas del mundo, sencillamente hace uso de la mayor riqueza que posee: ¡Sus habilidades y talentos!

Miles de experiencias, como las aventuras de Richard Greswell, nos enseñan que para vivir en plenitud y bendición no es necesario navegar hasta las costas cubanas y desenterrar una nave llena de oro, ni descifrar el pictograma del pirata Levasseur.

Podemos conquistar nuestro Everest financiero utilizando la riqueza del tesoro que se encuentra oculto en nuestro propio ser, es decir, explotando el talento natural o innato que poseemos.

Al nacer fuiste dotado de una habilidad en particular, si está en ti, entonces es lo que requieres para comenzar a amasar una buena fortuna. Cuando Albert Einstein afirmó que Dios no jugaba a los dados, estaba diciendo que todo lo creado y existente es perfecto, no hay casualidades, cada quien recibe exactamente el talento que requiere para vivir en libertad.

Muchos seres se estancan haciéndose incapaces de alcanzar riquezas por creer que carecen de los recursos necesarios para triunfar. Lo peor es que, en la mayoría de los casos, viven como los antiguos corsarios del mar: esperando que otro encuentre su tesoro para envidiarlo y en muchos casos robarlo o destruirlo.

Dudar de las habilidades innatas, hace que se desvalore el talento natural y se pierda el entusiasmo, un sentimiento esencial para conquistar las alturas.

Williams James dijo: "En casi todo lo que el hombre emprenda, solo el entusiasmo le conducirá al éxito". Y es que, una persona puede tener dinero, influencias y mucho talento, si carece de ímpetu y frenesí, le será imposible avanzar, como bien lo dice

Richard Greswell

Basil King: "El entusiasmo es el único poder que acaba con todos los fracasos y levanta a una persona del estado en que se encuentre".

El entusiasmo activa la motivación y una persona motivada, que hace uso del talento natural para materializar sus sueños, despierta un poder sobrenatural capaz de romper cualquier barrera que se interponga en su camino al éxito. ¡Es indetenible!

He escuchado a muchos justificar la pobreza con frases como: "Lo único que sé hacer es cocinar" o "Solo sirvo para hablar", y de este modo menosprecian el potencial que podría transformar su condición de vida. Día tras día navegan sobre un tesoro escondido, y por desconocer su existencia o darle poco valor, desestiman la importancia de desenterrarlo.

¿Imaginas cuántas personas navegaron sobre el oro y la plata del barco "Nuestra Señora de Atocha"? Por 363 años permaneció oculto en el mismo lugar, pero solo Mel Fisher dio importancia a la riqueza que reposaba bajo las aguas, y esto le permitió rodearse de reconocimiento y fortuna. Una antigua estrategia usada por los millonarios para alcanzar el éxito, es reclutar personas que pongan a su servicio el conocimiento y talento natural para hacer crecer sus empresas y, en consecuencia, su patrimonio. Saben valorar las habilidades que sus empleados han despreciado.

La razón principal por la que se menosprecian las competencias innatas y se termina ejerciendo funciones que producen desgaste, es considerar que la riqueza está ligada a determinados oficios y profesiones. Se cree que un médico o ingeniero tiene el éxito financiero asegurado, mientras que un cocinero está condenado a ser un obrero dependiente de un mísero sueldo. Sin embargo, hay miles de profesionales de la salud que viven llenos de deudas, y cientos de chefs que abundan en riqueza.

Alain Ducasse, considerado una de las máximas autoridades de la cocina gourmet, nació al suroeste de Francia en un humilde hogar de campesinos vascofranceses (1956). A los dieciséis años comenzó a desempeñarse en "lo único" que sabía hacer: cocinar. Usar su talento le permitió convertirse en un célebre artífice culinario que a los 43 años era dueño de la cadena hotelera Chataux et Hotels Collection, riqueza que se mantuvo en crecimiento ubicándole entre los cocineros más ricos del mundo, dueño de veintiún restaurantes que llevan su nombre, ubicados en Francia, Italia, Inglaterra, Mónaco, Japón, Estados Unidos, Rusia, Hong Kong y Qatar, poseedores de 22 Estrellas de la Guía Michelin, galardón que desde 1900 se otorga a los mejores restaurantes del mundo, luego de considerar la calidad, creatividad y delicadeza de sus platos. Además de ser autor de siete libros publicados en su propia editorial, y dueño de la Escuela de Gastronomía "École Nationale Supérieure de la Pâtisserie". En el 2018, al cumplir sus 62 años inauguró el barco restaurante "Ducasse Sur Seine" anclado frente a la Torre Eiffel. Nada mal para un adolescente que solo sabía cocinar.

Ducasse da la vuelta al mundo seis veces al año supervisando su imperio gastronómico, donde laboran más de 1.500 personas, y se facturan más de 100 millones de dólares anualmente; y cuando desea descansar, lo hace en una de sus seis casas de campo, disfrutando de un buen plato de róbalo.

Otro ejemplo de que el éxito financiero se puede lograr en cualquier ámbito, es el triunfo de Oscar De La Hoya, una de las máximas glorias deportivas de las últimas décadas. Hijo de inmigrantes mexicanos radicados en Estados Unidos, nació y creció en una comunidad pobre, donde las posibilidades de alcanzar riqueza no le eran favorables. A los seis años, su padre le condujo a un gimnasio de boxeo para que aprendiese a defenderse, allí descubrió que tenía una manera muy especial de atacar, razón que le llevó a consagrarse en esta disciplina deportiva. En 1992 representó a su país en los Juegos Olímpicos de Barcelona, y obtuvo su primer gran triunfo al ganar una medalla de oro, desde entonces, su carrera entró en un constante ascenso, convirtiéndose en el único púgil capaz de conquistar seis títulos de campeón mundial, hasta el 13 de noviembre del

2010 cuando Many Pacquiao venció al mexicano Antonio Margarito y obtuvo su sexto título, igualando a De La Hoya, con quien se había enfrentado dos años atrás en lo que se llamó "Dream Match" (La pelea de ensueño).

En mayo de 2015, CNN en su portal Expansión publicó la lista de los diez boxeadores más ricos del mundo, en la cual, Oscar De La Hoya ocupaba la posición número cuatro, incluso Forbes le ha llamado "El Rey Midas del Boxeo". Su fortuna le permitió convertirse en dueño del 25% de los Houston Dynamo, equipo de fútbol de la Liga Americana, campeones de la copa MLS; poseer su propia firma promocional de boxeo, aliada de la compañía alemana Universum Box Promotions; ser portavoz de la reconocida marca John Henry & Perry Ellis, una de las empresas de más alto nivel de la moda masculina; producir programas de televisión, y en memoria de su madre, que murió de cáncer de mamas cuando él tenía diecisiete años, grabar un disco que le hizo merecedor de una nominación en los premios Grammy 2000. También ha contribuido con el desarrollo de la ciencia y la transformación social de comunidades pobres. Entre muchas otras acciones humanitarias; financió la construcción de una clínica dedicada a la lucha contra el cáncer en el White Memorial Medical Center de Los Ángeles, bautizada como "Centro del Cáncer Cecilia González De La Hoya", remodeló el Resurrección Gym, lugar donde solía entrenar cuando niño, y lo convirtió en hogar para un centro juvenil. También financia una Fundación dedicada al patrocinio de deportistas con aspiraciones olímpicas.

Pero además de cocineros y deportistas millonarios, otros oficios basados en el talento natural también han permitido que miles de hombres y mujeres escalen a la grandeza. Artistas como Daniel Romero Brito, quien, contrariando la opinión de muchas personas que ven a un pintor como un bohemio solitario incapaz de obtener riqueza, vive en una de las zonas más exclusivas de Miami Beach, donde es vecino de reconocidas personalidades como Emilio y Gloria Stefan, e invierte parte de

Alain Ducasse

su buena fortuna apoyando programas dedicados a la conservación del medio ambiente y la lucha contra el SIDA. Desde muy temprana edad, Romero Brito demostró tener destreza para las artes plásticas, sin embargo, menospreció su tesoro y quiso buscar el éxito en una profesión diferente, para esto, solicitó una beca con la intención de ingresar a la escuela de leyes. Un día, uno de sus hermanos le enseñó un libro de artes y le motivó a dedicarse a la pintura. Entusiasmado, vendió todo lo que poseía y se fue a estudiar a Europa. Visitó varios países y por último viajó a Miami, donde comenzó a exponer sus obras en la calle. Su particular estilo, influenciado por el neo cubismo y el pop art, le llevaron a las mejores salas del mundo, donde celebridades como Michael Jordan, George Bush, Dustin Hoffman y Elton John han pagado fuertes sumas de dinero por sus pinturas, esculturas y objetos tridimensionales. Además, ha creado millonarias campañas publicitarias para empresas como Disney, Absolut Vodka, IBM, Apple, Grand Manier y Pepsi Cola. Una serie de triunfos que le permiten vivir rodeado de confort.

Del mismo modo, Mario Luis Kreutzberger Blumenfeld, mejor conocido como "Don Francisco", hijo de una pareja judía que huyendo de la persecución nazi llegó a Chile, utilizó su talento para convertirse en una estrella que brilla en las alturas. Siendo un adolescente, Kreutzberger dejó los estudios para apoyar a su padre en la sastrería, más tarde, como vendedor, comenzó a visitar las provincias chilenas, y de este modo descubrió su talento para comunicarse con las personas. Con la intención de aumentar sus ingresos, dedicó parte de su tiempo libre a la animación de eventos y ceremonias, pero mantenía la idea de continuar el negocio de su padre, por eso, viajó a los Estados Unidos a estudiar Corte y Confección de Vestuario, sin sospechar que allí su vida tomaría un curso diferente. Al ser impactado por los programas de televisión norteamericana, decidió explotar sus cualidades histriónicas, regresó a Chile e incursionó en el mundo del espectáculo. Como fruto de su persistencia, le cedieron un espacio para conducir un show de variedad domi-

Oscar De La Hoya

nical, emisión que fue sacada del aire al mes siguiente. Los empresarios consideraron que tal proyecto no tendría éxito y por esta razón decidieron cancelar su contrato, pero él, ya había entrado en el corazón de los hogares chilenos, por esto, se produjeron protestas que dieron como resultado la reposición del programa.

El particular carisma de "Don Francisco" le llevó a conquistar el mercado latino y el show comenzó a transmitirse desde los Estados Unidos, llegando a posesionarse en 43 países del mundo. Al cumplir los 54 años, se mudó a Miami para facilitar las grabaciones de "Sábado Gigante" y "Don Francisco Presenta", programas por los que Univisión en el 2007 le pagaba 15,5 millones de dólares anuales. Mario Kreutzberger ha sido galardonado con importantes premios como una Estrella en el Paseo de la Fama de Hollywood, un Emmy Awars en 2005, la Orden al Mérito Docente y Cultural Gabriela Mistral, fue nombrado "Campeón de la Salud de las Américas" por la Organización Panamericana de la Salud, y según la Revista The Richest es poseedor de una fortuna superior a los 100 millones de dólares, además de ostentar una vivienda en Chile con una extensión de 372 acres de tierra, espacio en el que se podrían construir 235 canchas de fútbol, y tiene su propio viñedo que produce vinos para exportar.

Samy Suárez procedente de Cuba llegó a los Estados Unidos y toda la riqueza que le acompañaba era la ropa que tenía puesta, tras activar su potencial haciendo uso del talento como peluquero se convirtió en uno de los más acreditados y afamados estilistas, conocido como el "Midas de la Belleza", poseedor de una amplia red de prestigiosas salas de estilismo donde son atendidas importantes personalidades latinas como Cristina Saralegui, Ednita Nazario y Charityn Goico, además de haber creado su propia línea de productos para el cuidado del cabello.

Andrés Bermúdez, apasionado hombre de campo utilizó su basta creatividad y talento agrícola para crear una máquina cosechadora de tomates, invento que le permitió comprar sus

Mario Kreutzberger

propias tierras. Ya convertido en un poderoso hombre de negocios, regresó a México, su tierra natal, para incursionar en la
política y llegó a ocupar el cargo de Diputado Federal.

Mijaíl Barýshnikov no perdió sus energías buscando grandeza
en un mundo diferente al que le permitía su talento como bai-
larín. Tras la trágica muerte de su madre, ingresó a la academia
Vaganova, donde se le permitió perfeccionar sus habilidades, lo
cual le llevó a ganar una medalla de oro en el concurso de Varna
y así elevarse al nivel de los mejores, a pesar de no tener la es-
tatura mínima exigida por las estrictas reglas del ballet. Junto
con la compañía del famoso coreógrafo Roland Petit, emprendió una gira que le llevó a Canadá, nación que le otorgó asilo
político y la oportunidad de emprender una nueva vida. Incursionó en el cine y se hizo merecedor de una nominación a los
premios Oscar en 1977 por su participación en la película "Tur-
ning Point". Gracias a su prestigio dirige su propia compañía de
danza "White Oak Dance Projet", es propietario del Centro de
las Artes Barýshnikov en New York, tiene en el mercado una línea de perfumes y ropa para danza, y goza de fama y aprecio
mundial. En el 2000 fue galardonado con el premio "John Fitz-
gerald Kenedy Center" por su valiosa contribución con el desarrollo humano. Por la eternidad Barýshnikov será considerado
como uno de los mejores bailarines del mundo.

Todos estos triunfadores valoraron sus capacidades como el
tesoro que les convertiría en seres diferentes, y tal actitud los
premió con éxito y abundancia.

¿Qué deseas para tu vida? ¿Qué posees para lograrlo?

Usa el talento que recibiste al nacer.

¡No esperes más!

El tesoro que te hará rico está en ti. Búscalo, sácalo a la super-
ficie y comienza a disfrutar de la abundancia que mereces.

Si lo posees es por una razón, no existen casualidades. Recuerda que Dios no juega a los dados.

Al igual que Mario Luis Kreutzberger, Daniel Romero Brito, Oscar De La Hoya y Alain Ducase, tú posees un tesoro de incalcu-

Mijail Baryshnikov

lable valor: el talento natural. Ya sea escribiendo, corriendo, hablando, cocinando, pintando, diseñando, construyendo o animando fiestas, si tienes la actitud correcta y haces uso del Quickening, se derramará la riqueza del universo sobre tu vida, permitiéndote conquistar un mundo de GRANDEZA.

¡Tú única opción será triunfar!

No hay barrera que pueda detener a un entusiasta soñador que cree y explota su talento.

La riqueza no es exclusividad de alguna profesión u ocupación en particular, cualquier cosa que hagas será una buena herramienta para prosperar. No hay excusa que justifique tu permanencia en la pobreza y las deudas. ¿Gozas de un talento natural? ¿Una cualidad que otros quisieran tener? Sea cual sea ese talento, te aseguro que en él hay riqueza. ¡Si tienes una habilidad ahí está tu tesoro! ¡Explótalo y llegarás al cielo! Si otros lo han hecho, tú puedes hacerlo.

"He conocido gente con dinero, que por temor
a la pobreza vive como pobre"
Carlos Méndez Z

"Los humanos no saben lo que poseen, porque
la mayoría no ha tenido ocasión de abandonar
la vida y regresar después de ella"
James Russell

"Con frecuencia la gente no sabe exactamente
cómo hace lo que hace tan bien, o incluso
no reconoce su propia excelencia"
Harry Alder

"Nacemos en un perfecto estado de perfección
y buscando ser perfectos nos hacemos necios"
Carlos Méndez Z

"A medida que el hombre más conoce, menos necesita de la
misericordia de sus dioses y más se aleja de sus temores"
J. M. Amurrae

PAÍSES POBRES Y PAÍSES RICOS

Uno de los personajes más respetados de la historia, es el visionario buscador de riquezas Marco Polo, un hombre que acumuló fortuna, al mismo tiempo que influyó en la transformación socio cultural de la humanidad.

Siguiendo los pasos de su padre, se dedicó al negocio de la importación, y gracias a sus extraordinarias habilidades, Asia y Europa establecieron canales de comercialización que cambiaron la economía de sus pueblos, por esta razón, Kublai Kan, fundador y primer emperador de la Dinastia Yuan, le invitó a formar parte de su gobierno. Marco Polo aceptó y se estableció varios años en tierras orientales, ocupando importantes cargos como gobernador, instructor de la corte, embajador, traductor y asesor político.

Para Marco Polo no había barrera que pudiese detener al hombre, por eso exploró toda Asia, descubriendo escenarios y riquezas que, en su opinión, el ser humano jamás podría imaginar.

Inspirado en el deseo de revelar al mundo la existencia de tales tesoros y así despertar el espíritu humano a la GRANDEZA, abandonó la comodidad que le representaba ser uno de los hombres de máxima confianza del emperador, y se marchó de regreso a Europa, donde fue hecho prisionero de guerra en una batalla naval entre flotas genovesas y venecianas (1298). Estando en prisión, con el apoyo del escritor Rustichello con quien compartía celda, escribió el polémico libro "El Millón", conocido también como "Las Maravillas del Mundo", en el cual aseguró haber encontrado majestuosas riquezas y lugares mágicos de tal magnitud, que despertó fuertes críticas en quienes le acusaron de charlatán y farsante. Sin embargo, el manuscrito se convirtió en un éxito literario que se tradujo a decenas de lenguas, produciendo millonarias ganancias. Esta obra ha sido considerada "el libro de viajes más influyente de la historia", ya que, gracias a ella, la humanidad conoció la existencia de países como Siam, Japón, Tíbet, India y Birmania, además, sirvió de modelo para elaborar los primeros mapas fiables de Asia, e inspiró a Cristóbal Colón, quien emprendió un viaje con la intensión de recorrer las tierras descritas por Marco Polo y terminó encontrando América, un continente de grandes riquezas nunca antes explorado por los europeos.

Al momento de su muerte, en 1324, le pidieron que revelase si había mentido en las historias que narró, a lo cual respondió: "¡Solo he contado la mitad de lo que vi!".

Fue un aventurero que, ignorando el lujo, el poder y la riqueza, arriesgó su vida para despertar en el hombre la necesidad de creer en un mejor mundo.

Un Marco Polo del Siglo XXI

El 25 de abril de 2002, despegó del cosmódromo de Baikonur la nave rusa Soyuz TM-34, cuya misión principal era reemplazar un módulo salvavidas de la Estación Espacial Internacional. Como parte de la tripulación, en condición de turista, viajó Mark Shutteworth, que tal como lo hiciera Dennis Anthony Tito, también pagó 20 millones de dólares para llegar al cielo, materializar un sueño y realizar experimentos científicos de fisiología, fenómenos de cristalización y estudiar las células madre.

Shutteworth, nació en un polvoriento pueblo minero de Sudáfrica (1973), donde el 40% de la población sobrevive con menos de un dólar por día. A pesar de haberse criado en el continente más pobre del planeta, logró fortuna luego de crear y vender "Thawte" (1999), un sistema de seguridad para validar transacciones comerciales realizadas por Internet con tarjetas de crédito, por el cual VeriSing pagó 575 millones de dólares.

Con esta gran cantidad de dinero, Shutteworth pudo disponerse a disfrutar del confort que produce la riqueza, sin embargo, consagró su vida y su dinero para contribuir con el desarrollo del hombre, por ello fundó Canonical Ltd, empresa que promueve el uso y perfeccionamiento de Linux, software libre que, según él, contribuirá con el progreso y bienestar de las naciones.

Ante las críticas que constantemente se hacen en contra de este proyecto, Shutteworth se muestra indiferente, conducta semejante a la de Marco Polo que se hizo grande ignorando los nefastos comentarios que hacían de él quienes le rodeaban. Al ser confrontado por un periodista que le exigió razones por las cuales una persona debía abandonar el uso de Microsoft y aceptar su propuesta, sin ningún tipo de complejos respondió: "Hace mucho tiempo que dejé de dar argumentos a la gente, sé que nuestro producto es mejor y la gente acabará dándose cuenta..." Y es que esta debe ser la actitud de un triunfador: Dejar de dar explicaciones del por qué debe triunfar y dedicarse a conseguirlo.

Muchas personas pasan la vida tratando de recibir la aprobación de todos sus amigos y familiares, deseo que se convierte en un imposible, ya que siempre existirán personas que van a contradecir nuestros planes, proyectos, sueños y estrategias. Por eso, cuando determinamos triunfar basta con creer que "es bueno lo que hacemos".

Nunca está de más el consejo de quien nos aprecia, la misma Biblia dice: "En la multitud de consejos hay sabiduría", pero recuerda, siempre habrá seres gobernados por pensamientos mediocres que al no entender tu visión de grandeza terminarán por censurarla.

Hace algunos años trabajaba en la presidencia de un importante banco del país, allí gozaba de respeto y excelentes beneficios laborales, cuando decidí renunciar para dedicarme a la escritura y la enseñanza, fui blanco de todo tipo de ataques y críticas, pero gracias a que cerré mis oídos a quienes trataron de imponerme sus paradigmas, hoy disfruto de libertad financiera, soy dueño de mi tiempo y hago lo que me gusta.

Así que deja de dar explicaciones y ACTÚA. Hay un solo ser que debe estar convencido de que mereces elevarte a la cumbre:

Mark Shutteworth

Tú mismo. Si puedes creer que lo que haces es bueno, y determinas hacerlo sin vacilar, llegarás al cielo, nadie podrá impedirlo.

Shutteworth es un Marco Polo que se muestra inquieto por explorar mundos desconocidos que le permitan hallar caminos que lleven a la humanidad a un mejor vivir. Un ser ejemplar que haciendo uso de su talento encontró prosperidad en medo del caos, y ahora puede invertir millones de dólares en proyectos educativos y tecnológicos que eleven el espíritu del hombre. Del mismo modo, sin importar dónde habites, tienes la oportunidad de dar inicio a un proceso que dé como fruto tu libertad financiera. Puede ser que, al crecer tus aspiraciones, requieras de un diferente escenario y necesites emigrar, pero el mejor lugar para comenzar a hacer riqueza, es la ciudad donde hoy vives y el mejor momento es ahora.

La oportunidad de tener fortuna no la estipula los indicadores financieros de un estado en particular. Cualquier persona puede hallar oro donde se encuentre, los escenarios económicos están en constante cambio, tal como está ocurriendo con países como Yemen, Libia, Dominica, Ruanda, Ghana e India, donde de forma sorpresiva la economía ha comenzado a crecer, mientras países como Estados Unidos se estancan ante un posible retroceso. Según el Banco Merrill Lynch y la Consultora Capgemini en países como Brasil y España, el número de millonarios está creciendo cinco veces más que en Norte América.

Durante la Guerra Fría se comenzó a utilizar el término "Tercer Mundo" para referirse a todos los países no alineados con las dos grandes potencias en conflicto. Tras la caída del Muro de Berlín, esta anacrónica expresión fue evolucionando para convertirse en un concepto relacionado con el nivel de desarrollo alcanzado por los pueblos, siempre teniendo como modelo e instrumento de medición a los Estados Unidos.

En nuestros días, con mucha frecuencia escuchamos hablar de países pobres y países ricos. La diferencia entre unos y otros se establece por la cantidad y calidad de los bienes y servicios que disfrutan o carecen sus pobladores. Estas etiquetas hacen que las naciones sean clasificadas como "de primer" o "tercer mundo", estigmas que influyen en la autoimagen de sus habitantes, haciéndoles creer que son menos o más que el resto de la población mundial. Paradigmas a ser modificados si realmente buscamos liberar la conciencia y potencial de quienes viven esclavos de limitaciones y traumas causados por complejos de inferioridad. No existen "países de tercera", simplemente hay naciones habitadas por personas que quebrantan las Leyes Universales del Éxito y las Leyes de Ética Divina, atrayendo maldición, indigencia e infortunio a su entorno.

Lo que hace verdaderamente próspero a un país, no son sus minas y reservas energéticas, sino la manera cómo piensan quienes lo habitan, de allí, el por qué hay países ricos que no producen petróleo y países pobres con grandes yacimientos petroleros.

El lugar donde vives no puede hacer nada por ti, eres tú el que debe cambiar su entorno, cultura, economía y todo lo que sea necesario para que venga lluvia de bendición.

Si vivir en un "país rico" garantizase libertad financiera, toda la población suiza y norteamericana viviría sin deudas y el flagelo de la pobreza sería desconocido en su entorno, sin embargo, se estima que en Norteamérica el 80% de las familias viven endeudadas, el 12% coexiste en situación de pobreza y cada día son menores las posibilidades de convertirse en millonario, cosa contraria a lo que ha venido ocurriendo en regiones que han sido menospreciadas como África.

Alcanzar un nivel de vida próspero y abundante, poco tiene que ver con el territorio donde se habita. Indiferentemente de la posición ocupada por un país con relación a la riqueza de otro, lo único que puede detener el crecimiento de una persona es la indiferencia, el pesimismo, la pereza y el conformismo. La pobreza no es una condición propia de un país en particular, es un estado tormentoso que encuentra lugar en sus habitantes afectando su economía, por esta razón, estés donde estés, ahí puedes ser un imán para la riqueza.

La pobreza no existe

Durante una conferencia, un profesor universitario preguntó: "¿Creó Dios todo lo que existe?". Uno de los estudiantes valientemente respondió "Si, por supuesto". El profesor, mirando al joven dijo: "Si Dios creó todo cuanto existe, entonces Dios creó la maldad, y de acuerdo a la naturaleza del hombre, ¿Podríamos afirmar que Dios es maldad?". Los estudiantes guardaron silencio, mientras uno de ellos tímidamente levantó su mano y dijo: "¿Profesor puedo hacerle una pregunta?". El maestro le miró y un poco inquieto contestó: "Por supuesto". El estudiante se puso de pie y le preguntó: "¿Profesor, existe el frio?" Mostrando un poco de molestia, el profesor inquirió: "¿Qué clase de pregunta es esa? Por supuesto que existe. ¿Acaso no lo has sentido alguna vez?". El joven dijo: "Con todo respeto señor, el frio no existe; de acuerdo con las leyes de la física lo que consideramos frio es en realidad ausencia de calor. Todo cuerpo u objeto es susceptible de estudio cuando tiene o transmite energía, el calor es lo que hace que un cuerpo o cosa tenga o transmita energía. El cero absoluto (0°C) es la total ausencia de calor; todo queda inerte e incapaz de reaccionar a esta temperatura. El frio no existe. Hemos creado esa palabra para describir como nos sentimos si no tenemos calor". Seguidamente formuló una nueva pregunta: "¿Profesor existe la oscuridad?". El profesor respondió: "Sería tonto decir lo contrario". El joven objetó: "Señor, tampoco existe. La oscuridad sencillamente es la ausencia de luz. Nosotros podemos estudiar la luz, pero no la oscuridad. Utilizando el prisma de Newton separamos la luz en varios colores y estudiamos múltiples ondas en cada color. Pero no puede medirse la oscuridad. Un simple rayo de luz puede entrar a un mundo oscuro e iluminarlo. La oscuridad es un término utilizado por el hombre para describir que no hay presencia de luz". Finalmente, el joven hizo una última pregunta: "¿Señor, existe la maldad?". Algo molesto, sintiéndose ridiculi-

Albert Einstein

zado, el profesor respondió: "Por supuesto, como ya lo he dicho anteriormente, la vemos todos los días en la multitud de crímenes y violencias que se cometen en todas partes". El estudiante contestó: "Señor considero que la maldad no existe, o al menos no existe como sí misma. Maldad es la palabra que el hombre ha creado para describir la ausencia de Dios..." Al terminar su razonamiento, otro profesor que se encontraba en el auditorio preguntó al joven: "¿Muchacho, cuál es tu nombre?" Y él respondió: "Señor me llamo Albert Einstein".

Tomando en consideración que todos los seres humanos poseen un tesoro de incalculable valor, y que ciertamente la oscuridad se extingue en la luz, el frío ante el calor y, la pobreza desaparece cuando está presente la riqueza, podemos afirmar que la pobreza en sí no existe, es un término inventado por el hombre para describir la ausencia de bienestar, comodidad, dinero, confort y libertad financiera. Es imposible medir la ausencia, por lo tanto, es irreal o inexistente.

No existen personas pobres, tan solo hay individuos que carecen de dinero como resultado de no haber extraído el tesoro que llevan dentro. Mientras los seres humanos sigan naciendo con dones especiales seguiremos viviendo en un planeta de seres privilegiados.

No sigas malgastando tus energías buscando la riqueza en un lugar ajeno a tus talentos y capacidades, aleja todo complejo que te haga sentir inferior por vivir en un lugar o pueblo en particular. El país no puede hacer nada por ti, eres tú el que puede cambiar la historia.

"El que no se posee a sí mismo es extremadamente pobre"
Ramón Llull

"El que es pobre en un lugar, lo es en cualquier parte"
Facundo Cabral

"La pobreza no viene de la disminución de las riquezas, sino por la multiplicación de los deseos"
Platón

"El hombre que piensa como pobre siempre viajará acompañado de ese pensamiento, sin importar dónde esté, siempre será acompañado de carencias"
Carlos Méndez Z

TODOS
PARA UNO

Tratando de evitar el dolor que sentiría al llegar a la empresa y ver vacíos los espacios que fueron ocupados por las máquinas embargadas el día anterior, decidí quedarme en casa. No quise ir a trabajar. Encendí la televisión y llamó mi atención un predicador que enérgica e insistentemente decía: "Sí es posible sobreponerse a cualquier pena. ¡Tú puedes superar la crisis! Sin importar cuántas batallas hayas perdido, Dios quiere llevarte a una gran victoria". Sus palabras intentaban despertar mi fuerza interior. Quería creerle, pero los desfavorables resultados recibidos robaban mi energía. Mientras mis pensamientos combatían con los recuerdos, algunas lágrimas brotaban de mis ojos, me era inevitable estar triste y consternado. Sentía que la guerra había terminado proclamándome perdedor. En ese momento ocurrió algo que marcó para siempre mi vida: Mary entró a la habitación, me miró y sin decir una palabra me recostó a su pecho frotando mi espalda. De un modo sobrenatural sentí tener todo lo necesario para enfrentar los problemas y derrotarlos. El calor de su cuerpo y la ternura de sus manos conjugaban un mensaje que decía: "¡Estoy contigo para triunfar!". Era como si potenciaba mi armamento para permitirme destruir adversarios. Mis fuerzas comenzaron a triplicarse. ¡Comencé a hacerme grande! ¡Mucho más grandes que los conflictos, las deudas y la crisis! Aquellos minutos marcaron un antes y un después, desde entonces nunca volví a bajar la cabeza ante la adversidad y el éxito me ha acompañado en todo lo que hago. Sí han venido algunos problemas, pero nuestro Quickening es superior. Esa noche, tomé un trozo de papel y dediqué un pequeño poema a las dos mujeres que más me han apoyado: mi esposa y mi madre. Años más tarde, estas líneas fueron publicadas en mi libro "Entre el Odio, el Amor y un Recuerdo", un pequeño poemario que reúne la expresión emocional de mis primeros diez años de matrimonio.

Asustado,
un niño
escucha el estruendo de un trueno
y solo piensa en correr a los brazos de aquel noble ser,
que, aunque es flaca y débil,
le hace sentir que al mundo enfrentaría,
y con todo su odio y ferocidad le vencería
solo por su sonrisa y paz devolver.
Asustado,
un hombre marchito
escucha el lamento de una cruel historia que le negó vivir,
y solo piensa en correr a los cálidos brazos de una mujer.
Crecer,
envejecer,
pero nunca del amor de una mujer dejar de depender...

Mary siempre ha creído y secundado mis sueños, nunca me ha negado su energía. Es una mujer ejemplar y maravillosa. Nos conocimos cuando yo era director de teatro y ella formaba parte del grupo actoral de la universidad. Dos años más tarde nos casamos con el deseo de TRIUNFAR, desde entonces, unimos talentos, conocimientos, fuerzas y capacidades para conquistar nuestro Everest, y gracias a esta estratégica sociedad, cada día nos elevamos al cielo.

Para mí, ella es mucho más que una bella flaca de cabello rojo, es magia e inspiración, razón, prudencia y cordura. Es una amiga incondicional. Estoy seguro de que sin sus consejos muchas veces me metería en problemas y perdería dinero al tomar arrebatadas decisiones movidas por las emociones. Yo soy impulsivo, hablador, porfiado, apasionado e idealista, por el contrario, ella es reflexiva, discreta, flexible, ecuánime y práctica. Tenemos diferentes temperamentos, de allí que cuando planifico o diseño un proyecto, suelo hacerlo desde el hemisferio derecho de mi cerebro, mientras ella lo hace utilizando el izquierdo, por esta razón, al compartirle alguna idea, por lo general responde con argumentos racionales haciéndome sentir como si estuviese arrojando una cubeta de agua helada sobre mis fogosas ganas de triunfar, pero, de no hacerlo así, sería imposible lograr el necesario equilibrio que se requiere para transitar con sabiduría por el camino del éxito.

Gracias a estas notables diferencias edificamos un maravilloso matrimonio y hemos logrado crecer económica, profesional, familiar, espiritual y empresarialmente.

La mayoría de parejas que llegan a mi consultorio para tratar conflictos matrimoniales, manifiestan no poder vivir juntos "porque son muy diferentes", no logran comprender que esto es precisamente lo que puede hacerles fuertes e indestructibles. En una relación es muy sano que uno sea locura y otro cordura, debe existir un acelerador y un freno.

Mientras uno inspira el pensamiento, el otro activa la acción. ¿Imaginas cómo será un auto con dos pedales para acelerar o por el contrario ambos para frenar? La única opción sería estrellarnos o permanecer inmóviles. Si una pareja aprovecha sus discrepancias o desacuerdos para aportar sabiamente al enriquecimiento de la relación, sin que se imponga arbitrariamente el carácter o voluntad de uno en particular, poco a poco se perfeccionará al proveerse de muchos elementos que de seguro carecen. De lo contrario esas diferencias terminarán por destruirles.

Pero no solo mi esposa es partícipe de la colección de triunfos que me acompañan, afortunadamente también cuento con el apoyo de mis hijos. En cada taller, campamento o conferencia, e incluso mientras escribo mis libros y decido cómo se comercializarán, ellos aportan todo lo que tienen para que se derrame la bendición. Valoro su intuición y creatividad, me fortalezco y alimento de su amplia capacidad para creer en lo posible y disfruto sus consejos. Realmente nunca ignoro sus apreciaciones, pues, sin importar lo poco que han vivido, hay riqueza en sus pensamientos y cada cosa que dicen o hacen contribuye al crecimiento integral de la familia. Me siento orgulloso de ellos, sé que llegarán a ser grandes conquistadores.

Considero que soy un hombre bienaventurado, y creo que cada corona de victoria la he ganado gracias a su apoyo, por esa razón les involucro en todos los proyectos, escucho sus comentarios y valoro sus opiniones. Al comienzo de nuestra vida empresarial, la mayoría de decisiones se tomaban en el auto camino al colegio o cuando regresamos a casa, hoy lo hacemos en un almuerzo, o comiendo una pizza, y el grupo de consejeros ha crecido, ya que en enero de 2019 se unió Daniela Andreina, quien se casó con Carlos David, días antes de irnos a vivir a República Dominicana.

Mi familia me ha enseñado que es más fácil elevarse a la cumbre si caminamos unidos en la misma dirección.

Una persona puede acumular fortuna en solitario si así se lo propone, pero el ascenso se hará más ligero trabajando en equipo. Por esta razón la Biblia dice: "Más valen dos que uno, pues más provecho obtienen de su trabajo, y si uno de ellos cae, el otro lo levanta. ¡Pero ay del que cae estando solo, pues no habrá quien lo levante! Además, si dos se acuestan juntos, uno a otro se calienta; pero uno solo, ¿Cómo va a entrar en calor? Uno solo puede ser vencido, pero dos podrán resistir. La cuerda de tres hilos no se rompe fácilmente" (Eclesiastés 4:9)

Lo curioso de este texto bíblico, es que cita a dos que trabajan, a dos que caminan, dos que duermen y dos que luchan, pero al final dice "cuerda de tres hilos no se rompe fácilmente..." Obviamente debería decir "cuerda de dos hilos", pero se describe de este modo con el fin de revelar un gran secreto para quienes procuran una vida prospera y abundante: "La Sinergia", es decir, la fuerza que surge cuando dos establecen una alianza para alcanzar la victoria.

El término "sinergia" proviene de dos palabras griegas: "syn" que significa simultaneidad y "ergon" que mejor traduce como obrar, de allí se deriva la voz "synergos" que semeja la unión de trabajo y energía. Por lo general esta expresión es utilizada para referirse al beneficio adicional que dos o varios organismos consiguen por ACTUAR en común acuerdo, es lo que Ludwing von Bertalanffy denominó la Teoría General de Sistemas (TGS), con la cual plantea que las interacciones entre las partes o componentes de un sistema generan un valor agregado mayor al que se lograría si cada componente funcionará por separado, es decir, que cuando los miembros de una empresa o familia tienen afinidad, potencian la suma de sus esfuerzos, lo cual desencadena en resultados mucho más eficientes.

La sinergia familiar es un importante elemento en la construcción de la riqueza, pero solamente puede lograrse si están integrados sus miembros haciéndose partícipes de todas las metas deseadas, aun cuando no siempre represente involucrarse de forma directa.

Algunas personas suelen divorciar los negocios de todo lo relacionado con el hogar, al extremo que prohíben que en casa se discutan temas referentes al trabajo o la empresa, provocando muchas veces que la pareja o los hijos terminen por odiar su oficio, aun cuando esto les provea de bienestar y estabilidad.

Tal es la importancia de los proyectos donde se integra en pleno la familia, que instituciones como el Banco Ciudad de Argentina, han creado productos crediticios y planes de ahorro especiales para incentivar el nacimiento de empresas movidas por la sinergia familiar y elevar los niveles de competitividad.

Para acelerar el proceso de crecimiento económico, es provechoso escuchar las opiniones de nuestra familia en cuanto al manejo y crecimiento de la riqueza, indagar el cómo resolverían un problema, dejarles aportar ideas creativas y permitir que sean parte del desarrollo de algunos proyectos. Involucrar a la familia en los negocios puede ser un factor determinante para pasar de la crisis a la abundancia, cientos de casos como la experiencia de Elliot Handler, un millonario que transformó una pequeña empresa en la fábrica de juguetes más grande y rica del mundo gracias al consejo de su esposa, así lo evidencian.

Rut Handler

Una tarde, Bárbara, la hija de Handler, estaba sentada en el suelo recortando figuras de algunas revistas. Rut, su madre, al observar que la niña prefería las imágenes de mujeres con semblante adulto, concibió crear una muñeca de aspecto sensual que sirviese de modelo a todas las pequeñas del mundo. Pero Elliot, que en sociedad con Harold Matson había iniciado un humilde proyecto en el patio de su casa, se encontraba muy concentrado en la fabricación de marcos de plástico para fotografías, por eso, inicialmente no prestó mucha atención a tal idea. Pasado un tiempo, visitaron Europa, y en una tienda Ruth vio una muñeca llamada Lily, una pieza de colección creada para adornar la sala de una casa o el mueble de una oficina; al notarla exclamó: "¡Esa es mi idea! Una muñeca así, pero fabricada con materiales que les permita a las niñas jugar". Compró el adorno y lo llevó a Estados Unidos para mostrarlo a los nuevos socios de Elliot, quienes luego de escucharla se negaron a fabricar el producto por considerar que no tendría aceptación y su costo sería muy elevado. Sin embargo, Elliot valorando la propuesta de su esposa, decidió poner en marcha el proyecto, de este modo, el 9 de marzo de 1959, Barbie fue puesta en el mercado, con un record de ventas inmediato de 350.000 piezas comercializadas por más de un millón de dólares, y así Mattel se catapultó como la fábrica de juguetes más importante del mundo.

Barbie se convirtió en un ícono de la belleza que al cumplir los 50 años había vendido más de 1.000 millones de unidades en 150 países. Probablemente Elliot Handler habría logrado éxito empresarial fabricando marcos, pero el exorbitante nivel que alcanzó su empresa fue gracias a la sinergia que produjo la sociedad de pensamiento establecida con su esposa, y es que al unir fuerzas ahorramos esfuerzos.

Las barreras que nos impiden disfrutar de la abundancia son más fáciles de derribar cuando las golpeamos en unión de la familia. Stephen R. Covey en su libro "Siete Hábitos de las Familias Altamente Efectivas" afirma que nada es más emocionante y acerca más en las relaciones que crear juntos, una dinámica que produce verdadera sinergia, ya que esta, mucho más que cooperación, es trabajo en equipo creativo, lo cual hace surgir nuevas ideas y genera una especie de sistema inmune que lleva a las familias a un nivel de superación de tal magnitud, que son capaces de manejar cualquier situación que la vida les imponga.

El hogar como fábrica de millonarios

Para ganar el apoyo de nuestra familia, debemos instruirles con visión de grandeza y espíritu de unidad. Es absurdo esperar que un hijo se entregue a la búsqueda del éxito aportando su creatividad, talento y trabajo, si previamente no ha sido formado para tal fin y se le ha hecho conocedor de los objetivos perseguidos. No podemos conformarnos con la exigua labor que realiza la escuela en función de la prosperidad, ya que la mayoría carece de programas motivacionales que inspiren al alumno a elevarse sobre el nivel de la mediocridad. Los profesores comunes, ceñidos de programas monótonos, básicos y repetitivos, desestiman la necesidad de exhortar y animar a los alumnos para que alcancen altos niveles de formación académica y hagan uso de estos conocimientos para elevarse a la grandeza y la libertad financiera, esta carencia es una de las principales razones del por qué aumentan los índices de deserción escolar.

El adiestramiento que demos a la familia dará como fruto la sinergia que lleva al éxito. Si sembramos con paciencia y amor, cosecharemos energía y pasión. Todo padre, sin importar la posición económica en la que viva, debe asumir con responsabilidad la educación de su descendencia a fin de que logren prosperidad integral en función de sus sueños.

Algunas veces exigimos apoyo para nuestro trabajo, pero hemos desestimado la necesidad de motivarles a la excelencia, compartiendo la visión y objetivos que perseguimos. Es muy difícil convencer a las personas para que nos acompañen a un lugar incierto y desconocido, si queremos que caminen a nues-

tro lado y sean una ayuda en lugar de una carga, debemos ins-
pirarles y ayudarles a visualizar la meta planteada.

En la construcción de riqueza debemos buscar que todos los
miembros de la familia sean fieles aliados, sin ignorar que de un
modo particular cada ser tiene sus propias metas. La sinergia
no consiste en mutilar el pensamiento de los demás en función
de nuestros intereses, escudándonos en el débil argumento de
que "lo hacemos por su bienestar". En cada hogar todos pueden tener sueños diferentes, pero juntos deben abrazar una
meta en común.

Para que una familia goce de un sano nivel de prosperidad se
debe generar sinergia en función de todos los sueños, es decir,
aplicar la consigna de Alejandro Dumas en su obra Los Tres
Mosqueteros: "Todos para uno y uno para todos", así como lo
hicieron los Jordan ante el rechazo que recibió el pequeño Michael en 1978 cuando un entrenador le negó el ingreso al equipo escolar por considerar que no tenía cualidades para el deporte.

Ante tal situación, su padre y su hermano dedicaron largas horas para ayudarle a cumplir su sueño: "Ser jugador de básquet-
bol", y gracias al trabajo familiar, Michael Jordan llegó a convertirse en una leyenda que difícilmente podrá ser imitada. Un
prodigioso atleta que aun retirado de las canchas, sigue siendo
el basquetbolista mejor pagado del mundo, con una fortuna
que según Forbes en el 2019 llegó a superar los 1.650 millones
de dólares, todo esto producto que sus inversiones empresariales y las grandes ganancias obtenidas por publicidad con empresas como Levis, Nike, OaKley, Laroche, Gatorade y Wilson.

A cuatro años de aquel rechazo, en 1982, la carrera de Michael
entró en ascenso cuando llevó a la Universidad de Carolina del
Norte a ganar por primera vez un campeonato de la Liga Uni-
versitaria, lo cual le hizo merecedor del título "Jugador Universitario del Año". Dos años más tarde firmó con la NBA (National
Basketball Assosiation) donde ganó seis anillos de campeón y
nombrado cinco veces "Jugador del Año", convirtiéndose en

Michael Jordan

una gloria deportiva y uno de los deportistas más ricos del mundo.

Michael Jordan nunca habla de su triunfo como algo merecido y personal, siempre afirma que todo el éxito alcanzado se debe a la influencia y dedicación de sus padres, un mecánico retirado y una empleada bancaria descendiente de inmigrantes africanos, seres ejemplares que se entregaron por completo para sembrar en sus hijos los valores que le convertirían en personas prósperas. En una rueda de prensa ofrecida luego del incidente en el que resultó muerto su padre, Michael dijo a los reporteros: "Tuve unos padres excelentes, siempre he querido ser como ellos".

El éxito de este deportista se dio gracias al trabajo que hicieran por él los miembros de su familia, como también lo es el triunfo de jóvenes millonarias como Aerin Lauder vicepresidenta senior de Estée Lauder, empresa dedicada a la belleza, fundada por su abuela en 1946; Dylan Lauren Hija de Ralph Lauren, reconocido diseñador de origen judío que luego de pasar su infancia usando las camisas que dejaban sus hermanos mayores, terminó vistiendo a los ricos y famosos del mundo y se hizo dueño de una serie de firmas que incluyen reconocidas marcas como Polo, Ralph, Pl, PLX, Purple Label, Polo Jeans Co, Polo Golf y Chapse. Aun cuando Dylan es heredera de un gran imperio de la moda, decidió escalar su propio Everest, por esto, inspirada por Willy Wonka y la fábrica de chocolate, apertura su propia empresa: Dylan's Candy Bar, una cadena de tiendas que ofrece a sus clientes todo tipo de golosinas, postres, salas de juego, spa de dulces, tratamientos de belleza, ropa, juguetes, pañuelos, camisetas y fantasías creadas con caramelo.

Otra millonaria, fruto de una correcta educación financiera paterna es Ivanka Trump, considerada una de las millonarias más bella y culta del mundo, quien luego de abandonar el modelaje por considerarlo frívolo e insustancial, decidió seguir los pasos de su padre y fue a la universidad para graduarse Magna Cum Laude en Ciencias Económicas, seguidamente se especializó

Ivanka Trump

como inversionista inmobiliario y obtuvo la licencia de la Comisión de Control de Casinos, lo cual le permitió trabajar en la división de control del departamento de casinos de Donald Trump. No satisfecha con el éxito obtenido, Ivanka lanzó al mercado su propia línea de alta joyería, una distinguida colección de finas y delicadas piezas creadas con brillantes y diamantes, lo cual le ha permitido, en unión a su esposo Jared Kushner, acumular una fortuna que sobrepasa los 700 millones de dólares.

Para Ivanka, la mejor herencia transmitida por sus padres, es su formación empresarial. Los principios aprendidos de Donald e Ivanna, le han permitido administrar sus recursos y hacerlos crecer cada día. En una ocasión, cuando su nombre fue publicado junto con el de otros herederos que despilfarran la riqueza recibida, se molestó y aseguró ser una buena administradora ya que, desde muy temprana edad, sus padres le enseñaron a respetar y valorar lo obtenido, incluso "le exigían pagar su propia factura telefónica".

En el mundo hay personas ricas que nacieron pobres, y en medio de la carencia, sus padres se preocuparon por instruirles para elevar su espíritu a la cumbre; también hay personas que nacieron pobres y morirán pobres gracias a que sus progenitores nunca les mostraron la posibilidad de hacerse a un mejor vivir. De igual modo, hay hijos de millonarios que han despilfarrado la riqueza apegándose a conductas improductivas, como también podemos encontrar muchos que hacen crecer sus fortunas al poner en práctica lo aprendido de sus padres, evidenciando así que la mejor herencia que podemos dejar a nuestros hijos no es el dinero.

Enseña a tus hijos la importancia de hacer riqueza basados en principios de ética y respeto a las leyes universales, y podrán alcanzar un nivel de prosperidad más alto del que tú puedas lograr.

Capacita a tus hijos, motívalos a la grandeza. Incluye a tu familia en tu camino al éxito, así tu fortuna será grande e infinita.

"Enseñarás a volar, pero no volarán tu vuelo. Enseñarás a vivir, pero no vivirán tu vida. Sin embargo, en cada vuelo, en cada vida, perdurará siempre la huella del camino enseñado"
Edy Kaufman

"Estar unidos es una gran cosa, pero respetar los derechos de ser diferentes es incluso mejor"
Paul David Hewson

"¿De qué sirve brindar a los hijos todos los caprichos, si no les brindamos una verdadera familia?"
S. Biffi

"El mejor legado de un padre a sus hijos es un poco de tiempo cada día"
Battista

"El matrimonio es tener a alguien en quien acurrucarse cuando el mundo parece volverse frío y la vida es incierta"
T. D. Jakes

TRIUNFAR
SIN
EXCUSAS

A través de la historia, en todas las naciones, culturas, pueblos y razas, el hombre ha utilizado las mismas estrategias para hacerse de poder y riqueza. Desde la aparición de los primeros millonarios en el planeta, hasta nuestros días, seres como Salomón, Aristóteles Onasis, John Rockefeler, Andrew Carnegie, Bill Gates y Amancio Ortega, han hallado el secreto del éxito, apegados al cumplimiento de las leyes universales.

En los últimos cien años, la humanidad ha evolucionado más que durante el resto de su existencia. Los avances tecnológicos y científicos son tan rápidos y sorprendentes, que a nuestros hijos les es imposible imaginar cómo pudimos sobrevivir a una "insípida infancia" sin internet, redes sociales, App, VR Box, drones, Nintendo, Wifi, Bluetooth, Smartphone, PlayStation, WhatsApp, computadoras portátiles, energía solar e impresoras 3D. El cambio se ha hecho presente en todo lo que involucra al ser humano, pero en materia de prosperidad económica, los principios para derrotar la crisis y la miseria siguen siendo los mismos empleados por Hammurabi 1.700 años antes de la era cristiana.

Estos principios te han sido revelados en cada página de este libro, en tus manos está la clave para cambiar cualquier escenario relacionado con el dinero, por esto, ya no tendrás excusa para permanecer endeudado, pobre y sin libertad, posees lo necesario para hacerte triunfador, puedes transformar lo que desees. Tienes el lápiz con el cual puedes escribir los próximos capítulos de tu vida, eres el creador de tu futuro.

Así que, si realmente deseas gozar los placeres de la abundancia, comienza a practicar lo aprendido y la riqueza vendrá como fruto de ACTUAR con inteligencia y sabiduría.

Si estos secretos revelados han cambiado positivamente la vida de otros, lo lógico y natural es que obtengas los mismos resultados. No hay razón para continuar igual, no hay excusa para mantenerse anclado en el mar de las deudas y la limitación. ¡Levántate y conquista lo que te pertenece!

Cada personaje mencionado en este libro, probó el amargo sabor de una vida rodeada de carencia y limitación, ellos también fueron esclavos de la pobreza o las deudas, ante esa situación, pudieron ignorar los principios que les conducirían a un mejor vivir y escudarse en una de las múltiples excusas que suele utilizar el ser humano para condolerse y justificar su estado de miseria. Anoushe Ansari pudo decir soy mujer en un país que discrimina el sexo femenino y vivo bajo un régimen déspota e inhumano que se opone a la riqueza, Heinrich Schilieman, ante la dura realidad de no tener una familia que le apoyase, y ser víctima de constantes burlas y reproches pudo argumentar haber nacido para fracasar. Cada uno tenía razones para "rendirse justificadamente" ante el monstruo de la miseria y pasar el resto de sus vidas rodeados de necesidad, tenían sólidos argumentos, Donald Trump carecía de dinero, abundaba en deudas y ere vejado por los medios de comunicación, Michael Jordan fue rechazado por su apariencia personal, Sarah Breedlove era negra en una sociedad gobernada por el racismo, Harland Sanders era muy viejo y Mark Zuckerberg muy joven, Mark Shuttewort vivía en un país tercermundista, Jack Ma era un desventurado rechazado por la sociedad, a Paulo Cohelo le perseguía la sombra de un pasado vergonzoso y Mijail Baryshnikov solo sabía bailar. Dennis Anthony Tito había fracasado varias veces, Bettle Neamith era una secretaria sin importancia, Gary Heavin, huérfano y Johan Santana hijo del panadero de un insignificante pueblo andino. ¿Cuál es tu excusa? ¿Qué es lo que se interpone entre tú y la riqueza?

Evalúa cuántas excusas has utilizado para disimular la verdadera razón de tu condición, y aprovecha la crisis como una razón para producir el cambio. Sigue el ejemplo de los triunfadores. Sé cómo Richard Greswell que no utiliza la falta de dinero para quedarse en casa durante el verano, sino que aprovecha el sol como excusa para ir en busca de dinero a las playas sureñas, o actúa como lo hizo Henry Nestlé que, en lugar de justificar su penuria en las amargas experiencias de la guerra, utilizó el sufrimiento personal como inspiración para derrotar la crisis.

Cambia el escenario de tu vida, no te permitas seguir siendo el mismo que fue gobernado por la escasez, dale color a tu existencia. Tienes Quickening, usa este poder para construir tu zigurat.

Naciste para ser un triunfador, no te conformes con menos.

Una de las diferencias más notables entre los ricos y los pobres es que el dinero les permite vacacionar donde quieran, incluso pueden pasear entre las estrellas, porque contrario a lo que muchas personas creen, los ricos sí van al cielo.

White Wolf Writers

amazon kindle

Síguenos en nuestras Redes Sociales

CarlosMéndezZOficial

Instagram
@cmendezzOficial
@institutocicp

Carlos Méndez Z

Contáctanos
info@institutocicp.com

www.institutocicp.com

www.ingramcontent.com/pod-product-compliance
Lightning Source LLC
Chambersburg PA
CBHW030617220526
45463CB00004B/1321